大学不迷茫

考虫出品

李尚龙/著

九州出版社

JIUZHOUPRESS

图书在版编目（CIP）数据

大学不迷茫 / 李尚龙著. --北京：九州出版社，

2017.8（2019.1重印）

ISBN 978-7-5108-5671-6

Ⅰ.①大... Ⅱ.①李... Ⅲ.①大学生－学生生活

Ⅳ.①G645.5

中国版本图书馆CIP数据核字(2017)第173397号

大学不迷茫

作　　者	李尚龙　著	
出版发行	九州出版社	
地　　址	北京市西城区阜外大街甲35号(100037)	
发行电话	(010)68992190/3/5/6	
网　　址	www.jiuzhoupress.com	
电子信箱	jiuzhou@jiuzhoupress.com	
印　　刷	三河市中晟雅豪印务有限公司	
开　　本	889毫米×1194毫米　　32开	
印　　张	7.75	
字　　数	140千字	
版　　次	2017年7月第1版	
印　　次	2019年1月第6次印刷	
书　　号	ISBN 978-7-5108-5671-6	
定　　价	38.90元	

如果明天是你最后的一天，你还有什么后悔没做的？

人总要有自己的目标，才不会被人影响。

高手会利用鸡肋时间，
但不让碎片时间占据自己。

书不能改变命运，书里的知识变成行动，才能改变命运。

只有耐住寂寞，时刻反思，每天进步，才会享受得了繁华。

前　言

各位好，我是尚龙。

这本《大学不迷茫》是想写给每位大学生的必读作品。

每次去大学签售，被问到最多的，就是"如果我迷茫应该怎么办"。

有人说谁的青春不迷茫，我想，不是的。

在我的青春里，遇到过好多牛人，他们不仅不迷茫，而且目标感十分清楚，最终，他们把日子过成了诗篇。

这些人有些出国读了名校，有些从三本逆袭到一流大学，有些找到好工作，有些创业成功。

当我有机会和他们接触时，惊奇地发现，这些人都有一个共同点：在大学四年里，并不那么迷茫。

于是，我在想，其实每条路都有一些规律，有些规律并不适合每个人，但每个人看完这些案例都会有所启发，那时，我决定写一本名叫《大学不迷茫》的工具书。

这是我第一次写工具书，工具书和励志书最大的区别，在于励志书可以讲故事，而工具书大多是理论和能够使用的干货知识。

在我写这本书时，许多校园里的疑惑也涌入心头，我忽然在想，如果当时我能在大学看到这本书，会不会减少很多迷茫呢？如果我在大一时就能知道这些知识，会不会少走很多弯路呢？

大学四年里到底要不要兼职？

什么样的恋爱是应该接触的？

二流的大学如何活出一流人生？

那些证书在大学四年里究竟有什么用？

学生会和社团我应该去参加吗？

当这些问题被提出，我在一一解答时，我终于明白，其实青春也可以不迷茫。

在动笔时，怕你对理论知识觉得枯燥，我还是使用了故事加上理论的叙述方式，更方便你的阅读，作为一名青年导演、编剧，讲故事是我的强项。

这本书由考虫出品，没有和任何出版集团合作，也算是一个伟大的尝试。

这些年，我们把考虫这个品牌，从零开始一直做到几十万学生加入，我们也明白了，只有好的内容和好的教学才能留住学生。

希望你喜欢这本书，也希望这本书能在大学四年帮助到你。

那么见字如面，愿你的青春里，有我的陪伴，永远不孤单。

目录

普通人如何实现爆发式的成长

别在最该学习的时光里赚钱

能让彼此优秀的感情，才值得永远被记得

大学不迷茫

01

你以为你在努力，
其实你在浪费青春

这世界根本不在乎你多么努力，
只在乎你努力的成效

1.

前几天，朋友带我看了他们院子里最高的一棵树，树很粗壮，在春天的滋润下枝繁叶茂，盛大的枝叶让他的院子多了许多能乘凉的地方。

朋友指着这棵树的树干告诉我：这里有几道伤口，你能看到吗？

我看到那棵树上几条白色，说，能看到。

朋友说，这棵树几年前被人用斧头砍过，差点死，幸亏我们制止及时，才让它保存下来，有了今天这片荫凉。现在这树长高了，但有时候看到它身上的这两道，还依旧会特别痛恨那个曾经伤害过它的砍树人。

说着，朋友要给我拍照，他转身，踩着脚下的小草，找到一个好的角度，然后冲着我说：来，尚龙，笑一个。

我看了一眼地下被他踩得蔫了的小草，那一瞬间，我忽然明白了点什么。

为什么人们会心疼这棵参天大树曾经的伤，而不会顾及脚下小草的痛？

因为小草太小，而大树太大，当小草被放大十倍变成芦苇，放大一百倍变成大树，自然也没人会践踏它了。人们也会心疼它身上的伤，恨曾经伤害过它的人。

同理，当你把一只蚂蚁放大到一百倍，让它的表情大到能被人看到，让它的痛苦能被人清晰地感知，就再也不会有人去一脚踩死它了，至少不会有人毫无负罪感地踩死它了。

2.

我在签售时，曾经有人问过我一个问题：龙哥，这世界相信努力的意义吗？

我说，相信。

他问，那为什么我这么努力，还是没人认可我。

我待在台上，迟迟想不出对答的话语。

当晚，我想了很久，一瓶酒下肚，忽然想通了：这世界根本不在乎你多么努力，只在乎你是不是有所成就，在乎你的努力是否有效。

其实，在人有所成就前，所有的努力都不会被人歌颂，只有在人成长为一棵参天大树后，他的伤痛和努力才会被人认可，被人发现，被人传播，令人心疼。

想到这里，我也终于明白这个世界运转的方式和方向：在你渺小时，没人会在乎你的努力，当你成功后，才会有人愿意听你的故事。那些故事，才是有血有肉的。

有人说世界很残忍，的确，因为上帝总是原谅，人类偶尔原谅，但大自然，从不原谅。

3.

这是个被强者书写下来的世界，所有的历史，都写于胜者之手，如果你不是胜者，就无法书写自己的历史让后人看到。这是个功利的世界，只看结果，唯有好的结果出来，才有资格被人关注到过程。只有好的结果，才会被人注意到努力。

其实，我想到高中时，每位学习成绩好的同学，都会在考完的时候分享自己的学习方法，可惜的是，当他下次考砸了，就再也不分享了，换成了别人分享。

我想起每个企业家在公司上市后，都会到处去分享自己治理公司的理念，却在公司破产后销声匿迹。

我想起每个出名的人讲起自己的经历时，台下的人都热泪盈眶，可是一个不知名的人，无论他的故事多么动人，大家都只是听着，却只有最爱的人安慰他。

为什么？

因为这世界从来不相信眼泪，这世界只看结果，在你成功前，没人关心你的努力，所有的痛，都只有你一个人扛，你也必须一个人扛，学会一个人安静地长大。

4.

现在，如果再给我一个机会去回答那位同学的问题，我想我会这么回答：孩子，别抱怨你的努力没有收获，你至少有努力的资格，有些人连努力的资格都没有。

在你有所成果前，所有的努力，都不要到处跟别人说，去博得别人的同情，大家只会看你的结果，听你成功后的经验，没人喜欢听你成功前的抱怨。

那些苦，就先咽下来吧，你要相信，这些苦不会白吃，都只会在你有所成就后，成为吹牛的资本和让别人羡慕的经历。

但在你什么都没有时，平静的努力，是你唯一变强的出路。

耐住寂寞，才能守住繁华。

你可能会说，我这么努力，万一没有好的结果怎么办？

但我想告诉你，努力可能不会成功，但不努力你会后悔啊。去安静地努力，不喧嚣地奋斗，去用心拼命，别夸大自己的苦，没有苦是白吃的，没有路是白走的。

这些苦，都会在你发光那天，被人看见，让人感动的。

而那一发光的时刻，正在向你召唤，你看到了吗？

关于梦想的 5 条定律

开心麻花有一部话剧，名字叫作《如果我不是我》，故事里有个叫阿瓜的断梦人，他梦想做音乐，却因为母亲的频繁阻拦，要求他留校当老师，最终不仅伤害了自己心爱的女生，还丢掉了自己做音乐的梦想。好在故事的最后，他捡起了吉他，放弃了稳定，踏上了远行的火车。

阿瓜的故事是大城市年轻人的现实写照，迷茫、不知所措。

于是大家开始问：

为什么听了这么多道理，还是过不好这一生？

为什么梦想最后只变成了梦和想？

为什么自己设计的所有梦想，都望尘莫及，最后变得破碎不堪？

为什么你总是迷茫，不知道前方的路？

今天，让我来为你分享五条关于梦想的定律吧。

1. 细分梦想，切分目标

我曾经参加过马拉松，在现场，我采访一位马拉松运动员是怎么坚持跑完四十二公里的，他说：我不是跑了四十二公里，而是跑了四十二个一公里。

的确，拆分目标，只是为了让目标看得更清楚。

就好比你要考研，考研的英语单词是 5500 个，如果你还剩三个月的时间准备，你就要设计一个计划：一天背 60 个单词（同时还要复习，熟知怎么使用），这样的清晰的计划，能让自己减少许多焦虑，每走一步，就离终点近一些，更能在每完成一个小目标后获得一些成就感。

这些成就感，能让你走得更远。

而其实，所有伟大的目标，都是根据切分而来的。在他们实现了小目标后继续往前扩大自己的理想，然后变成了伟大的目标。

这些年，我之所以很讨厌看自传，是因为自传大多数都有一句假话：我从小就知道……

没人小时候就知道自己会成为企业家、百万富翁或者牛人。很多人都是在成功后，故意给自己的童年添砖加瓦，其实每个人的童年都是一个四面透风的空房间。

所以，科学的方法是，永远不要设计一个看不见的宏大目标，而要细化到每一天，其实，过好每天，未来一定不会差。

切分目标的另一个好处是，能让自己活的真实。

我的一个好朋友耗子从小到大的梦想就是成为一名设计师，穿着西装在写字楼里有一份体面的工作，后来，他的女朋友问他：你难道没想过成为创业家吗？他忽然间产生了幻觉，于是大声当着所有人的面说：没错，我就是想成为马云那样的创业家。

后面的日子，他逼着自己读创业的书，甚至疯子一般地辞了工作，折腾了一年后，他默默地又回到了原来的公司成为一名设计师。一次吃饭时，他跟我们说：其实我对创业的事情根本不感兴趣，我就是喜欢画画。有时候梦想这个东西，不能瞎喊，因为一瞎喊老是喊得特别没边际，也不是自己想要的。

的确，当一些超级大的梦想被说出来，那些小的梦想就死掉了，而那些小梦想，才是最真实的梦想。

2. 第一步的力量

《孤单星球》里面说：当你决定旅行时，最难的一步就迈出来了。其实，实现目标最难的，就是迈出第一步，我们大多数的人都在考虑怎么潇洒地迈出第一步，但是迟迟不敢前行，最后错失良机。

其实所谓良机，并没有人可以确定什么才是最优的时间，只有迈出第一步，才知道是不是良机。

当你决定旅行，抓紧买一张机票；当你决定学习，抓紧报一个班；当你决定读书，先买一本书；当你决定减肥，先下楼跑半小时……

有了第一步，第二步就会很自然。

我在上大学的时候，一位老师说了一句话让我印象十分深刻：当一件事情有百分之五十的可能性可以成功时，你就应该尝试一下，世界上没有百分之百可以成功的事情，有一半概率你还不试试，你还是个年轻人吗？

3. 一边走一边调整

接下来就有人问了：那要是失败了呢？

失败了就失败了呗，谁规定一定不能失败呢，失败了大不了从头再来，大不了大器晚成啊。

本身就一无所有，失去的只能是锁链，得到的却可能是整个世界啊。

在这个不停变化的世界里，我们都要拥有一边飞速奔跑、一边寻找路径的能力。

就好比你爱上一位姑娘，你有百分之五十的可能性表白成功，当你张口后被拒绝，又能怎么样呢？谁规定不能第二次表白，不能等一段时间再表白，不能先做朋友后做恋人。迈出第一步后，调整步伐，才是最聪明的。

一年前，我的一个学生准备英文考试，他给自己布置的任务是一天背一百个单词，后来他发现每天一百个太多了，坚持了几天发现疲惫不堪，于是他决定把目标减半，减少到 50 个，这样，他用了多一倍的时间背完了所有的单词。

虽然慢了点，但依旧完成了任务。

毕竟，世界在变，而你不变，仅仅指望着第一步，显然不够。每日的反思，每周的自省，每个月的总结，都能帮助你重新制定计划，实现梦想。

不变的事情总是容易的，而困难的事情，总是变动的。

4. 衡量自己的三要素

可是，我实在不知道自己能做什么、不知道自己想要什么怎么办？的确，我们活一辈子有两万多天，却没有花三天去思考自己想要什么，也挺可悲的。在大学四年的生活里，你可以不知道自己要什么，但一定要清楚自己不要什么，排除掉不要的生活，其他的，至少不是你讨厌的生活模式。

我们需要理解自己，美剧《英雄》里的克莱尔，她从小有自愈的能力，可是在这么强大的能力下，她开始迷茫了：我到底是谁，我的潜力到底在哪？我只是皮肤能复原吗？我要是把我的胳膊砍掉会不会恢复？把头砍掉呢？那长出来的是什么头？

后来编剧在接受采访的时候说：其实这些超能英雄就是我们生命中的每一个人，我们不知道自己要什么，不知道自己是否融入了这个世界，不知道自己的能力是否够强，边际在何方。

这段话其实给了我们一个启示，叫作衡量自己的三要素：

从内，从外，从心。

从内，看看自己的能力到底有多强；

从外，看看自己的专长是不是能被市场所需要；

从心，看看自己是否喜欢这样的生活。

其实通过这个方法论，我们大多数人已经剩不下什么选择了，剩下的路，就只能义无反顾地去走了。

5.盯紧自己的目标

这一条看起来好像是一句鸡汤，其实不是。跟你分享一个故事吧：一次辩论赛上，我的一个朋友因为对方的一句话忽然勃然大怒，竟然说出了脏话。我在台下吓得出了汗，要知道辩论场上最怕的就是失态地对人不对事，辩论是给第三方观众听的，而你的所有观点，都不是针对对手，而是表达自己，优雅地讲给第三方听。果不其然，那场辩论赛，他们得了很低的分，最后失败了。

我问他为什么这么生气？他说，没控制住，想到了一些不开心的事情。

后来他在朋友圈里写了一句话：要把目光盯紧自己的目标，而不要因为情绪，忘记出发的理由。

古典老师在演讲中曾经说过一句很有名的话：把目光交给自己的目标，而不要交给自己的对手。的确，在这个信息量庞大、诱惑极多、对手满地的世界里，你是否还记得自己曾经的目标是什么？

你是否因为高额的房价忘记来北上广的真正目的，你是否因为被丈母娘骂了两句而忘记爱情的本真，你是否因为领导的不公而忘记了当初进这个领域的原因……

　　盯紧自己的目标，才能是生活的高手。

如果明天是最后一天，你会不会后悔

1.

如果明天是你最后的一天，你还有什么后悔没做的？

如果你知道自己的日子将近，最后一段日子里，你是否会反思，什么才是你认为最重要的东西？有什么人一直没见，有什么事一直没做，有什么人一直没放下。

《你要么出众，要么出局》宣传的时候，我在安徽签售，那是一家合肥的书店，一个读者，女生，走到我跟前，忽然眼睛就红了。

她是附近一所军校的学生，家住在北京，她拿着我的书，看着我，最终还是哭了出来：龙哥，我想家，我不想在这里待了。

我最怕女生哭，于是赶紧跟她说，别哭，你先到那边等我，我签完其他人跟你聊。

可是，我食言了，不是因为我不讲信用，而是人太多，签售完已经一个小时，小姑娘走了，我想，或许是她的假已经到时间了，或者，是她不愿意等了吧。

我暗自庆幸地叹了口气，因为就算我再次跟她沟通，也不知道说点什么。

2008 年，我和她一样，背井离乡，来到北京的一所军校。看着满墙内的绿色，感到非常压抑，我说不出话，身边所有人都告诉我，要坚强，要坚持。

那时父亲给我打电话，我在电话里强忍着眼泪跟父亲说：爸，我想回家。

父亲说：孩子，坚持待下去，你总会离开家的。

父亲说完这句话，我就不闹了，因为我开始意识到，这个问题的复杂性已经不再是你哭两嗓子就能解决的。想要解决问题，眼泪无法给出答案，只有让自己强大起来，争取有一天，能有选择权选择自己的命运才行。

这种自我的鼓励，一直伴随着我直到大三申请退学。

退学那年，我遇到了非常人的阻力，直到大四上半年才离开军校。

刺激我的有一件事情，大三那年，学校有一个同学跳楼自杀。据说跳楼前是被逼到了极限，然后从高层跳下，可惜的是，人没有马上死，救护车过了一个小时才来，来了后，抬上救护车的时候才死。

救援的哥们说，他能听到那人临死前的喘息声，那呻吟刺骨、刺耳、刺心。

我和那个死去的哥们有过一面之缘，没讲话。他的死，没有记者报道，以至我现在都不知道他的名字。因为这件事，我明白了，人如蝼蚁，命如野草，生命可以如此单薄，可以说没就没。

最刺激我的，是一次我在吃饭的路上，一个教员说：真不能理解，为什么要死啊，大不了退学啊！死都不怕，还怕什么？

我依稀记得那个教员是用说段子的方式讲的这句话，但这句话却莫名其妙地给了我很大的力量。终于，我决定退学了，而且那时，我已经开始有很强的抑郁症前兆了。

依稀记得，我在日记本上写了一句话：如果明天是我最后一天，我还有什么没做呢？还有什么后悔呢？

忽然间，我清楚了自己要的东西很简单：我要过好每一天，按照自己的意愿过好每一天。

直到今天，我的每一天都是我想要的，身边的人，都是我最喜欢的。

我时常会在晚上发呆，想到那个年轻时盲目自信的我，以及那个勇敢做决定的我。

2.

这些年我最喜欢的电影之一叫《遗愿清单》，里面有句台词：人的一辈子结束时，在上帝面前会被问两个问题，如果你的回答都是"是"，你就能上天堂。第一个问题是：你快乐吗？第二个问题是：你让别人快乐吗？

人的生命很短，所以，人总在有限的生命里去给生命寻找超乎自己的意义，去寻找能用生命捍卫的目标，因为只有这样，才能让生命变得更好更美。

其实，这就是很多父母逼着子女努力奋斗为自己实现梦想的原因，因为他们把子女当成了自己生命的衍生，自己无法找到这样的目标，就让子女背负吧。

这辈子，我们都在找目标，都在期待以后，都在等待明天，却忘了，明天可能不会来，未来可能不存在。真正的生命，是要去追求超乎自己本身的目标，同时让自己和别人都快乐。

当我们知道自己生命很短，甚至很快就结束时，是否会正视死亡，同时正视生命。

我们不愿意谈论死亡，甚至惧怕死亡，每次聊到死亡，就会感到无比的恐怖。

在合肥的一个晚上，我见到了著名的法医秦明。秦明最近很憔悴，用他的话说他一直很憔悴，因为他的工作，总在生死之间。

我问他，你们天天面对死亡，有什么最深刻的感觉吗？

他喝完杯中的酒，说了三个字：好好活。

什么是好好活呢，就是在有限的生命里，做有意义的事情，让自己快乐。

其实，当我们知道生命在倒数时，所有所谓的苦大仇深，所谓的憋屈委屈，所有的难受痛苦，都会烟消云散，都会显得不那么重要。

秦明还给我讲了一个故事：在一起交通事故后，受害人严重受伤，进医院后，被下了病危通知。医生请来了法医。法医等在门口，等待尸检，却被家属拿着板凳打伤，家属一边打一边说：谁让你们来的！你们是期待我家人死是吗？

秦明讲到这里摇摇头说：因为人们都没有做好死亡的准备，没有正视死亡是生命的一部分，所以，很大程度上他们把不满的情绪，都嫁接到了外面的世界。

其实，只有直面死亡，才会积极生活，这是秦明告诉我的。

所谓好好生活，其实就是努力按照自己的意识过一生。

3.

写到这里，忽然有一些沉重，于是我翻了翻书，了解了一些关于死亡的数据：在美国，25% 的医疗保险费用花在了 5% 生命处于最后一年的病人身上，其中大部分的钱用在了最后几个月没有明显作用的治疗上。这个数据在中国，被浪费得更狠，医疗资源被大量浪费，许多无法被医治的领导，被下令"不惜任何代价抢救"，于是大量的资源就被浪费掉了。

许多人在人生最后的几年里，并没有得到很好的照顾，没有尊严地离去，他们每天在大量的药物、痛苦的化疗、神志不清的状态下结束了生命。用《最好的告别》一书中的话说：我们最终的目的不是好死，而是好好的活到终了。

可事实呢？

许多人的最后一段时间，是极度难过的，是没有尊严的。

为什么我们这么不愿意离去，是因为关于死亡，我们从来没有做好准备，而没有准备好死亡，就没有办法好好地生活下去。

我的母亲曾经跟我说过：最好的惜命，不是去买补品吃药，而是精彩地过好当下每一天。

这句话很让我有感触，因为与其思考死亡后的生活，担心死亡时的痛苦，还不如用心去过好当下，只有过好当下，才能无愧于心。

《最好的告别》这本书里提到了临终关怀和善终疗法，《死亡医生》这部电影里提到了安乐死，这些东西，都是我们的体系里没有的。毕竟，每个国家的医疗体系，都有着自己的规则和规律。可是，生命的规律却一样：都是几十年，最多一百年，从幼年到青年到壮年到老年再到死亡，谁也逃不掉。

而这一生，这一世，我们是否活出了比自己生命更重大的意义？是否活出了自己想要的一生？

那些还在抱怨的人，还在浪费时间的人，不过是因为他们确定还有明天，还有未来，还有数不清的大把光阴。

可是，如果人们开始意识到生命其实短暂，如果人们意识到有可能没有明天呢？

每天的生活都是恩典，你还会不会去追求那些无意义的目标，还会不会去恨那些无意义的人，是否会放下一些不开心的事情，是否不去拖延重要的事情，马上开始做呢？

推荐书籍：《最好的告别》

推荐电影：《死亡医生》

思维四坑：一塌糊涂的自己，操碎了别人的心

在这篇文章里，我要跟各位分享的，是关于在互联网时代思维的四大误区。

这篇文章很重要,因为以下四个误区,我们每个人都遇到过:先笃信记过，再反推证据；以偏概全的谩骂；一件事情变成另一件事情;还有现在互联网群众最喜欢的:自己生活还一塌糊涂，却操碎了别人的心。

这篇文章，不仅在帮助你理解以下四个思维误区，还在帮你梳理破解的方式，当思维改变，行动变化，生活质量也就逐渐开始有很大的变化了。

第一大坑：先笃信结果，再反推证据

易中天在一次讲座中被一个男生提问。

男生问易中天：你这样的大师也要刷存在感吗?

易中天不解，男生继续说：你看你小的时候……你再看你本来学的是美学，现在研究历史……你再看你年纪这么大了还上电视……

他说了很多。

易中天的回答也很机智：你的逻辑链条是对的，但是逻辑起点错了。

这就是现在我们很多人逻辑中的第一个大坑：先笃信结果，再反推证据。

当自己信一个结果时，接下来发生的每一件事情，都成了证明这个结果的证据，而有些恰恰是强词夺理。

比如，老太太倒地了，你去扶起他：诶？不是你撞的，你为什么要扶？你还解释呢？你的解释就是掩饰！你不解释了？心虚了吧。

比如，不是你的错你为什么要分手？你看你哭了，是不是觉得自己错了吧？你笑什么啊，是不是觉得自己特别可笑？

这样的例子很多，当我们遇见一件事情，自己笃信某种结果时，所有接下来发生的事情都会被我们当成证据，来让自己错得更远。

比如周杰伦骂保安那件事情。

当你一开始就认为周杰伦是男神，永远不犯错，他的那句"滚出去"，反而会让你觉得他更man；相反，如果你一开始就不喜欢他，他的这句话可能只会让你觉得他更让人讨厌。

而正确的观点是什么呢？是你经过调查、取证、推理、分析，然后给出一个清晰的结论，而不是先有结论，再反推结果。

所以，当你有了这个思维，就很容易对事不对人。

在西方世界的法庭上，首先需要有证据，证据有时候还不够，你还要有证据链，有了证据链，还要有人证和物证才能得出结论，这样的结论才是靠谱的，才是有说服力的。

所以，有一个很好的习惯，我多次说：要么证实，要么证伪，要么存疑。

当一件事情发生，最好的方法就是别表态，先调查，查清楚后再表态，此时的态度，就清晰、有力量多了。

第二坑：以偏概全地乱打地图炮

前些时间丽江出现了伤害游客的事件，有一个帖子是这么说的：

我们东北人找一帮人打死他们。

我们河南人把他们井盖都偷了。

我们上海人一分钱也不捐给丽江。

我们温州人炒高他们房价去！

你们闹去吧，我们新疆人最后把锅都背了。

……

那条帖子很长，但足以看到，每个地方，都有自己的地域黑。

为什么会有这么多地域黑的人呢？因为人的大脑比较容易接受相对简单的信息，从而下直接的结论，而地域黑是最容易下的结论，因为它足够以偏概全。

以偏概全虽然简单，但存在一个问题：过分的定义整体，而忽略了个体的多样性。

老太太倒地了，所以老太太都不是好东西。可是，这世界上还有可爱的老太太、好学的老太太、知书达理的老太太和德高望重的老太太。

被男朋友劈腿了，男人都不是好东西，可是，这世界上还有温暖的男人、好学的男人、奋进的男人、帅气的男人。(比如我)

当心门被关闭，当以偏概全上升到了大脑主线，也就自然而然地忽略掉了生活中美妙的个体。

而以偏概全，也伤害了世界。

可是，正是这些个体，往往改变了世界，改变了每个人的生活。

所以，别乱给别人贴标签，去了解一个人，去花时间调查一件事情，这才是应该做的。

《地球的星星》里，有一句很经典的台词：每个孩子都是独一无二的。

的确，我们不能因为几个个体，而去质疑整个群体。

所以，正确的想法应该是这样：人性是复杂的，群体是复杂的，一件事情发生，你要明白，个体出了问题，下一个类似的个体，依旧给出同样的机会、给出平等的交流。

这样，你才不容易失去生命的精彩。

第三坑：把一件事情变成另一件事情

一件事情变成另一件事情是中国人做事的特点，一开始明明在争论事情，然后上升到你这个人智力有问题，然后聊到你的品德不好，最后到慰问你全家……

这是网上大多数喷子的套路。

这也是许多人在聊天做事的方式：一件事情变成另一件事情。

他们不停地发散自己的思维，却忘了事情本身可以很简单。

《我不是潘金莲》中的李雪莲就是这样，从离婚案，变成证明自己不是潘金莲，再到上访到各级官员，到头来她早就忘记了自己到底想要干什么。

我们每个人都有过这样的经历，考试没过，我们认为自己能力不行，然后上升到自己智力不行，再变成到自己不适合学习，然后变成自己不行……

和男朋友分手，变成男朋友是渣男，变成自己不适合恋爱，变成世界上的男人都不是好东西……

就事论事是一件本事，世界上发生什么都不可怕，但你要学会弄清楚事情的核心，把这件事情牢牢地控制在该有的范围内。

不扩大，不引申，不对人，只对事。这种思维观念，能让你有机会接触到更多的思维，学到更广泛的知识，拥有更安静的心境，包容不同的声音，从而让你变得更好。

第四坑：自己生活一塌糊涂，反而操碎了别人的心

最后，聊聊互联网上最奇怪的现象：操碎了别人的心肝。

每次哪个名人出轨、辞职、生孩子、离婚……当事人还没说什么，围观群众高潮了。

可是，你是否想过，我们一群年薪十万还不到的人，正在操着年薪千万人的心。

还有人特别热心地给他们出谋划策，却忘了自己的生活还在水深火热。

是啊，我们就是这么一群特别热心的群众。

可是你是否想过，人的时间有限，精力有限，注意力永远是稀缺的，过度关注别人的事情，自然就无力关心自己的事情。

别人的新闻，无论多大，都只是谈资，大不了是警戒。

只有自己生活，才是核心，是对你最重要的一切。

所以，别操别人的心了，想想自己的生活。

去努力，去奋斗，去学习，去赚钱，去改善生活吧，别人的事情，终究只是谈资，认真，你就输了。

不逃课的学生，不是好学生

看到题目，肯定有一些人要骂了：你竟然教大学生逃课。

还是请听我讲完。

我遇到两个学生，同一个专业，同一个班，一个学生每节课都上，一个学生每节课都不上，你猜哪个学生挂科率高？

你一定猜错，因为，他们两个挂科率一样。

是不是觉得很奇怪，连我在内，所有的人都很奇怪。那个每天都坐在课堂上的，不会落下每一节课的学生，为什么挂科率跟那个天天逃课的家伙一样高？答案很简单，因为这两个学生，都不能算是好学生。

我细细地观察过这位每天都来上课的孩子，虽然他每节课都来，但不过是坐在后排打瞌睡，时不时地拿出手机上上网点点赞，并没有真正地做笔记然后发现问题解决问题。这样的状态，和不在课堂上，又能有什么区别呢？

那么你一定会反对，说这是个例，因为一定有同学每节课都认真地做笔记，他们的学习成绩就必须很好。

也未必。

毕竟，大学的教师水平和课堂教学能力参差不齐，不是每节课都应该去上，很多课去上了反倒是浪费时间。我曾经去过一所学校看到一位老师的教课状况，他在讲一门课简称马原，有趣的是，他不过是在念书，有时还念错，下面的学生横七竖八地做着自己的事情，而他只是念着书，不抬头。后来我才知道，这位老师需要评教授，可惜课时不够，就需要拿学生凑课，所以他并没有备课，倒霉的恐怕就是这些学生了。与其听他念书，为何自己不去买一本《资本论》在图书馆读读呢，还能跳着看自己感兴趣的章节。

所以，大学的课堂上，最聪明的孩子，应该是知道什么课对自己有用，什么课对自己没用，要清楚地知道自己要什么。那些每节课都不逃的孩子，归根到底是不知道自己需要什么，最后，看似每节课都上了，不过造成了只是看起来很努力的假象，到头来不过是一场空，控诉着自己怎么这么努力，还没有取得理想的成绩。所以，逃该逃的课，去上需要的课，哪怕这门课不是自己学校开的。

很早以前，我被人大的一个朋友拉到了金正昆教授的外交礼仪课堂，金老师讲得好，要提前很长时间进课堂占座才能听到他的课。后来金老师在课堂上调侃，说：我这门课没有选这么多人啊，怎么这么多学生，还有站着听的。后来他一统计，校外的学生占了百分之五十。我的边上就坐着一位校外的学生，他是北师大的，坐了半个小时的车过来听，我问他你下午没事儿吗？他说，他逃了学校的课过来。我说，为啥逃课啊，不怕被点名啊？他说，学校那门课对我一点用都没有，我就逃啦，放心，老师点名的时候，同学会帮我答到的。我费了好大的力气，才弄到金老师的课表。

他说完笑得很开心，但我一点看不出他是个坏孩子，因为在这个课堂上，他的笔记记得更认真，效率更高。可以想象，如果他在那个课堂上墨守成规地听着对自己没用的课，虽然没有了点名的风险，可是，浪费了一下午时间，这时间，真不如去操场上跑跑步，精神一下自己。

其实清楚地知道什么课该逃什么课不该逃是一种智慧，因为走进社会之后，选择一直是每个人的难题。

两个工作都不错，我应该选择哪一个？两个姑娘都很好，我应该选择谁？可是，大多数人，总是在纠结徘徊中选错了，或者明明选对了，却后悔没有选择另一个。这世上哪有两者都兼顾的道理，哪有熊掌鱼翅兼得的哲学，选择了就坚持，放弃了就别后悔。

在课堂上，我无数次告诉学生，大学四年最重要的是提高独自发现问题、解决问题的能力，你要知道自己缺什么，要不停地对自己发问，然后朝着目标接近。你要相信，高中的时候老师带着你走，而上了大学，老师只不过给你指出一条路，告诉你哪边可以走，甚至老师告诉你的路，走到头不过是一个丁字路口，向左向右，还是你自己决定。此时此刻，你是否知道自己何去何从？

每次去一个大学巡讲签售，我最喜欢去的就是他们的图书馆和自习室，久而久之，我发现了一个事实：真正优秀的学生，不会每节课都听，相反，他们会经常私下问老师问题，解决自己的疑惑。大多时间，他们都在自习，优秀的学生，一定是自学的高手。

走入工作岗位更是这样，我遇到过许多找工作的孩子面试词都是这样：我虽然什么都不会，但是我可以学。而自学是每个优秀青年的必要能力。

我自己的工作室就曾经招了一个姑娘，可惜的是，她真的什么都不会，她不停地告诉我，这个不会那个不会，一开始大家还有精力教她，后来忙起来都希望她自学，到了最后直接让我们小伙儿干了。

我问她，为什么不能自己在家琢磨一下，自己学学，有时候这都是小事，思考一下不就有了解决方案了吗？

她理直气壮地说，我要都自己能学会，为啥还来你这里实习。

这句话答得我哑口无言，因为让她干的事情，无非是把摄像机装上架子，买点合适的盒饭，打印两张字体稍大的台词等等琐碎、简单的事情。一个人自学能力要有多差，才能不停地让别人教呢？

工作后，没有人会像大学老师那样有义务无条件地教你做这个做那个，独立思考的能力、独自发现问题并解决问题的能力，就显得格外重要。大学四年那些每天都期待老师把所有都讲完，都讲到位，每节课都来傻傻地听课，从不在安静中独立思考的孩子，就吃亏了。因为，他们惊奇地发现，走入社会后，没有了老师，只剩下了自己。

相反，那些总喜欢自己琢磨事情，总是靠自学一步一步走的孩子们，毕业后独立的精神就强大了很多，更重要的是，当走入社会这个更大的大学后，在没有老师的前提下，他们知道自己要什么，发现自己的问题后，独自地解决一个个的问题，能力就提升得很快。

中国的教育中，把"听话"二字看得很重，很小的时候，老师甚至把"听话"对等于"好学生"。其实，随着年龄的增长，你会发现"宰相肚里能撑船"和"君子报仇十年不晚"的矛盾，你会发现"兔子不吃窝边草"和"近水楼台先得月"都被前辈说过。世界上的观念太多，各有各的理，听话不重要，重要的是，要有自己的见解，要有自己独立思考的空间。

其实，在长大的路上，你会发现许多观念各有各的道理，有些在特定场合也丧失了道理，至于该走哪条路，完全取决于你自己。

这也是大学课堂无法带给你的能力：发现问题和解决问题的能力、批判思维、分辨对错以及自学自知的能力。

大学不迷茫

02

学历在人生中的作用

上大学了，哪些技能是老师不教但非常重要的？

大学和高中最大的区别就是，高中时老师手把手地教你，教你走每一步路，大学后，老师给你指一个方向，剩下的，你要自己走完。

人到了社会后，才发现没有任何人给你指明方向，世界很大，你要自给自足，每个人都要学会独自长大。

要知道：这世界上所有的高手，都有着超强的自学本领。很多重要的技能，也得靠自学，这些能力，老师不讲，你只能靠自己。

1. 演讲和写作的能力

之前有人问过我，大学四年哪些能力是老师不教但你觉得最重要的？

我的答案从来没有变过：演讲和写作。

因为，这是能让你在短时间里最快提升影响力的两种方式，这两种方式都是以一对多为基础，从自己出发，影响到更多人。

演讲能让人思路清晰，写作能让人变得智慧。

演讲不仅仅是口才，更是思路的表达；写作不仅仅是表述，更是思维的传递。

无论你以后做什么工作，想要做大，都会涉及写作和演讲，好的演讲者让人舒服，好的文章也让人心旷神怡。

那么，该怎么练习呢？长话短说：

（1）演讲和写作都是输出的过程，在此之前，你应该大量地阅读，广泛地涉猎。大学四年最美好的事情，就是你虽然一无所有，但你有大把的时间去图书馆读书，不要问该读什么书，答案是什么都该读，一个人的知识结构应该是立体的。这些阅读时间，能让你变成更好的自己。只有读得够多，看得够多，才能有东西跟别人讲出去，得到别人的认可。

（2）熟能生巧。每一个演讲者都曾经遇到过上台前极度紧张的时刻，每个写作者都曾有过写着写着就跑偏的日子。能清楚地表达自己，并且在几千字里面都没有跑题，本身就是一件很难的事情，你必须学会一个人每天都写点东西，或者，时常一个人对着墙去讲一段话。更重要的是，加强每一个上台演讲的机会，毕竟，这种机会很难得。你可能会觉得，这不有病吗？谁会这么做？我就是这么做的。

2. 英语口语的能力

我们的英语教育一直是一个应试的过程，我当了老师后才知道，很多地方的高考英语竟然是不考听力的，学生学着学着，就学成了哑巴英语。

只能比划，却听不懂，说不出。

上了大学后终于有了四六级考试听力，可这么多年，四六级考试竟然还把口语当成参考测试，搞得太多学生学了这么多年英文，看见外国人依旧无法耀武扬威地开口，那这英文学的有什么用？

好在教委已经意识到了问题，这次四六级改革终于开始考口语了。

我们这一代人，大多有着一个看世界的梦。多数人都站在国际视角上，都活在网络平台中，这样的一代人，眼光一定是盯着世界的。

可惜的是，口语不好，怎么看世界？大多数学校的英文课也就上到大二，课上能让你张口讲英语的机会也屈指可数，所以，学好英语口语的任务就交给你自己了。

怎么去自学口语呢？

（1）早读

不要小看早读，那些每天都早读的人，英语口语稳定提升都是次要的，主要的是每天的精神都有很大的改善；长期早读的人，口语一定不会差。因为长期早读，每一天的时间也都长了许多。

（2）跟读

你可以选择下载一部美剧、一部英文电影，带有中英文字幕，然后一句句地跟读。一部电影、美剧，看第一遍都是追剧情去了，你可能哭得要死，笑得一塌糊涂，早就忘了练习口语这么一回事。只有看第二遍，而且不停地按暂停键跟读，才是提升口语最好的方式。最重要的是，一定要坚持。

（3）多参加考试

四六级考完之后，你还可以去报考托业、托福、BEC、雅思等。考试不是目的，目的是当你决定考试时，是有短期目标的，人只有拥有短期目标时，才不会放弃前进的道路，考试是结果，提升英文才是目的。英语口语也是一样。

3．练习一项体育技能

上高中时，我们最喜欢的就是体育课，上大学后，逃的最多的也是体育课。

这是真的，我见过无数学生在体育课的时候找各种理由逃课。

后来，我开始工作，明白了一个道理：所有人拼到最后，拼的全是体力。

所谓天赋、家庭背景、学校在市场经济下都不能迅速地区分两个人，无论一个人天赋多差、家庭背景多不好、教育多一般，只要有好的身体，磨都可以把对手磨死。

那你肯定会问了，既然身体这么重要，我毕业后再锻炼难道不行吗？

毕业后，往往朝九晚五已经耗费了自己最精华最有效率的时光，晚上回到家，不是想睡觉就是想看看电视就赶紧睡了，哪里还有运动的闲心。

好的身体，往往都是大学四年养成的。

有自己固定喜欢的体育运动，并且每周都会有几天飞驰在操场上、健身房里，大汗淋漓的感觉，永远比躺在床上更能让青春无悔。

4. 领导力、交流能力

有一本书叫作《领导力的 21 法则》,作者约翰·麦克斯韦儿，里面讲了成为一个优秀的领导者需要做到的 21 条，我看完后发现其实大可不必每条都遵守，因为理论知识再怎么清楚，也不如当一回领导来得直接。

学生会和社团我还是建议大家参加的，不是为了名利，而是有这么一个平台，能锻炼自己的交流能力、领导能力。

在大学毕业后，你会发现同班、同宿舍同学的关系往往没有一个共同努力过的社团成员关系好。

为什么呢？

其实这个逻辑也是这个世界发展的样子：想要真正交上一个好朋友，就和他共同做一件事情吧，你们之间的合作、共谋和挫折，都会很快升华成友谊，变成彼此的连接与回忆。

而当一个人走进社会后，你会发现，交流能力、交朋友的能力以及领导力、合作能力，都能让你在一个公司里闪着光芒。

但多说两句：不要把学生会当成你发展势力、摆官腔、拉帮派的摇篮，我曾经写过一篇文章《别让校园成为藏污纳垢的地方》，这里就不多说了。

更不要因为参加各种学生会、社团而忘记了学习，这样既累又没用。要知道自己要什么，该退的时候，抓紧时间，别留恋，往前看。

5. 抗击挫折的能力

中国的教育制度只告诉了学生如何争得第一，却没有告诉他们遇到挫折之后该怎么办，只告诉了他们冠军重要，却没有告诉他们跌倒后如何处理伤口，摔倒后如何站起来。

而走入社会后，天之骄子们总会慢慢地迷茫：我在学校品学兼优，为什么走入社会却频频受挫？原因很简单，生活嘛，不如意的十有八九。

只是你长期在象牙塔，习惯了养尊处优，不知道该如何面对挫折罢了。

所以，你要学会有一个好心态，当遇到麻烦，遇到失败和挫折时，你要做一些什么，思考一些什么，怎么解脱，怎么迎接下一次战斗。

我一般会仔细分析失败案例，然后想下次会怎么办，列出123。如果遇到心情不好的时候，我会去写字读书。难受得不行时，跑步、听音乐也是一个好选择。

无论如何，这个技能应该是大学四年里老师没有教、但对你来说最重要的。

祝你们青春无悔，变成自己最好的模样。

学历在人生中的作用

这篇文章我主要想为各位分析一个问题：学历的作用是什么？

因为太多人迷茫于以下几个问题：我应该专升本吗？我应该去考研吗？

我想，任何一个直接为你作答的人都不负责任，所以，这篇文章，将会从更高的角度帮你分析学历在人生的作用，希望你在迷茫中能够有所收获。

1. 学历是敲门砖，要是敲不动门，就要学会自我升级

大多数的招聘网站上都会写着几个字：本科学历。我曾经问过一位人力资源部的朋友：如果一个人能力超强，却没有本科学历，你们要他吗？

他反问我：那，他凭什么证明自己能力强呢？

我说，证明能力强的方式有很多，比如当你长期观察他后。

他说的话，让我印象深刻：那现在这个世界里，你又有多少时间，可以去从头了解一个人呢？

的确，如果你是个老板，你是愿意去雇佣没有驾照却说自己开得很好的司机，还是有驾照的被他人证明很好的司机呢？

我想，这就是学历的用途：它是敲门砖。

但有些人能力很强，有除了学习之外的超强本事，此时，

学历就不那么重要了。

比如韩寒通过文字传递到了更远，他的文字技能，在当时就已经超过了学历的背景；罗永浩的演讲能力家喻户晓，所以他的影响力，直接打破了学历的时空。

当然你也可以参加比赛和竞赛，用证书去证明自己的能力，参加实习，用同行的推荐打破学历对自己的约束。

总之，你要有超乎学历的东西，去代替学历，变成敲门砖，此时此刻，学历就不那么重要了。

可惜的是，大多数人并没有那么强的技能背景，没有那么光亮闪闪的能力，那么，学历就是一个很重要的敲门砖。

当自己的学历影响到自己找工作时，就应该考虑用接下来的一段时间，提升自己的学历，让自己在职场上更有竞争力。

我曾经的一位专科学生连续三次被面试公司拒绝，第三次的时候，我建议他发个信息给人力问问为什么，他照做后，人力竟然回复了，回复内容只有一句话：我们只要本科生。

此时，当你的学历敲不动门，就要学会让自己升级迭代。

2. 专业是人才在相同领域的聚集

读大学究竟是为了读什么？在互联网时代，越来越多的人开始问这个问题，斯坦福大学的公开课，北大的经济学，在网上都能找到音频和视频，那我为什么还要读大学呢？

其实，读大学真的只是为了那几节课吗？只是为了那个学位证吗？

不是。读大学，最重要的，是遇见同领域的人才，而这些人，在你的大学四年里，可比那几门课要重要多了。

你会发现这个时代从来都是这样，英雄都是扎堆的，成群成群地出现，整堆整堆地来。

所以，想要变得优秀，就要学会和优秀的人交朋友，就要从在大学里选择合适的群体开始。

从这个角度来看，学历是有用的。

假如你并不喜欢自己的专业，又想去成为另一个领域的人才，在你没有任何社会资源的时候，增加学历，改变专业，是一件非常聪明的事情。

因为当你考上研，或者成功升了本，不仅是成功跨了界，身边的朋友圈将会得到改变，这些朋友，在你更换轨迹时，将十分重要。

同样，当你觉得自己的专业还需深造，比如你学的是学术性非常强的科目，提升学历的意义也就变得重要了许多。

3. 为拖延找工作而提高学历是不明智的

许多时候，我们在同一个时间里，只能全力干好一件事情，因为每个人的时间成本和精力成本有限，比如你在全职考研时，就不可能全心入职一份工作。

所以，当你读研的时候，也就基本意味着放弃了全职的工作。

比如我的一个朋友决定考研，三年后，他重新回到职场，发现招他进来的主管，正是他大学的同学。所以，在坊间有一句很负能量的话：其实，研究生不过是比大学生多混了三年而已。

后来那个朋友给我说：早知道早晚要找工作，还不如早点找，也就不用在老同学手下干了。他当年还不如我呢。

所以，为拖延找工作而提高学历，是不明智的，因为这些东西早晚要来，与其让它晚点来，不如早点面对。

而且，我们都应该明白：工作中的逻辑和学校中的逻辑完全不同，而两者学习的方式和途径也完全不一样。

所以，你时常会发现一个在学校的佼佼者，却在工作中表现一般，你也能发现一个工作能力很强的人，原来在学校不过是中等学习成绩，因为学校和工作中的两套逻辑脱节得很厉害。

在哪都是学习，在哪，也都是终身学习。

4. 能力不够，学历来补

考研和升本的另一个好处，就是弥补了自己曾经的学历短板，比如，当你考上了北大的研究生，别人问你学历时，你也就很容易地盖过自己的第一学历了。另外，学历，也是和能力互补的一种重要方式，当无法评估能力，或者自己能力实在不强的时候，好的学历无疑能做到补充。

中国的教育制度的确存在问题，但有一条是十分公平的，就是任何人都可以在九年义务教育后参加高考，大学毕业后，可以参加研究生考试。这条路是一个阶层变更的通道，而且，这条路，每年都有机会参加。每年都有机会，也就意味着，每一年，都有无限的可能改变生活。

正是这样一条路，给了无数一无所有的学子一些希望，但同时，我也想告诉各位：正视这套考试，正视我们的学历，别认为这就是生命的全部。

5. 那些两条路同时走的人

最后，我想跟大家分享一个真实的案例。我的朋友威哥，读的是警校，大四那年，他一边考研，一边找工作，一年后，他找到了自己理想的工作，同时，他还考上了研。我另一个朋友小曲，同样是一边找工作，一边考研，但最后，研究生落榜，工作也一塌糊涂。他们两个区别在哪？

区别在于，他们对这件事情的走心程度。威哥在决定两条路同时走后，放弃掉所有的社交，白天投简历参加实习，晚上准备考试；而小曲呢，用她的话说，她还在 KTV 背过单词呢！她说自己很努力，我笑了笑，回答：在那里背单词，你背得进去吗？

她不舍得放弃的东西太多，看似两条腿走路，实则每天的社交、和男朋友的依依不舍、逛淘宝购物、追剧一项都没落下，那些看起来很努力的时光，只是自己感动了自己。

所以，当你开始发问，我应该打磨学历呢，还是找工作呢？我想说，我们真的可以两条路同时走，然后骄傲地同时登顶，只是看你舍不舍得花那么多功夫，舍不舍得放弃掉另一些东西罢了。

选错了专业，该如何逆袭？

在大学签售的时候，被问到最多的问题之一，就是如果自己不喜欢这个专业，想去另一个专业，应该怎么办？

其实在工作中，你也会有这样的问题：不喜欢这个岗位，应该怎么华丽转行？

也是这个道理，那这篇文章，愿对你有用。

1. 选错专业背后的逻辑

我曾经在一个两百人的班上做过统计，认为自己选错专业，或者被莫名调剂过专业的同学占了一大半，换句话说，这是一个普遍的问题，它散落在全国。

我们高三时，满脑子充斥着高考和学业压力。选专业时，压根不知道这个学校的这个专业如何，有什么老师，就业如何，今后自己会成为什么样的人。

有些人选了一些听起来很厉害的专业，到头来完全不知道发生了什么就被确定了四年。比如我的一个同学选了一个叫国际经济贸易的专业，他说，国际贸易听起来牛，可是进校第一天，老师说：我们为了培养出一流的会计和……

他顿时疯了……

信息不对等，造成了选择专业的迷茫和错误。其实美国的教育不是这样的，大学基本是通才教育，到了研究所才分专业。

就算大学一定要分专业，他们往往提前请师兄师姐们去高三校园，和那些学子们交流聊天。

虽然说学校也给了许多学生转专业的机会，但成本极高，不仅学分要求高，手续也繁杂，因此效率不高。

讲完这一套逻辑，想必我们已经明白了：选错专业是件很正常的事情，不仅你有，很多人也有，这不是我们的问题，而是这个时代的问题，教育体制的问题。

所以，接下来我们该怎么办？

2. 你的手上拿着一杯水，接下来你要干什么

心理学有一个著名的实验：如果你的手上拿了一杯水，接下来你要干什么。

我觉得特别有意思，于是问了很多人，他们的回答无非就是：喝了、倒了、泼了、洒了。

然后想到了身边一个哥们儿的故事。

第一次遇见 C，是在网上。那时我还在当老师，抽风想要去拍一部微电影，于是我在网上发了一个帖子，说如果你想拍电影，无论你是否专业，只要你还有演员梦，都希望你能加入我的团队。

C 是一所酒店大学的学生，那里的学生几乎大学四年的状态都是在玩着游戏或者昏昏欲睡，他也是一样，无聊地刷着网页，

然后思考着毕业后要去哪家酒店干活。

　　C给我投了一份简历，然后很快地，我们就坐在了一起聊剧本。起初他只是想跟女一号搭戏，但因为他长得好看，我们几个讨论过后，坚定地认为男一就是他。就在他加入我们剧组的第一天，他开始勤勤恳恳地跟着剧组跑戏。一次半夜拍到了两点多，寒风瑟瑟下，我和两个摄像带着他拍天桥的戏，冻得手不停地发抖。进宾馆后，很快，我们的手已经不能动了。他点了一根烟，淡淡地说了一个字：操。

　　我说，不行了吧。不行了以后就别走这条路了。

　　他说，冻得真爽。

　　半年后，我们成功开启了第二个项目，拍摄第二部电影。C从主演变成了幕后监制，他开始筹划着前前后后的事情：地点、时间、物资分配，偶尔，他还会提出一些分镜头的建议。再过了半年，我们成立了龙影部落工作室，C成了合伙人，做起了真正和电影有关的事情。

　　第二年，C从酒店学校毕业，那一年，所有人都在讨论去哪个大酒店当服务员，去哪个小酒店当经理，去哪个国家申请相同专业的时候，C毅然地开始走进电影圈，走进了博纳，当上了制片人。因为之前大学四年有过一些电影底子，于是很快就被电影界认可。

　　过了很久，有一次我们在一家酒店拍戏，看到了他曾经的朋友，现在已经当上了经理。经理看到他，大喊，这不是C吗？

怎么开始拍电影了！

C笑着应付了两句。回到路上，他跟我说，要不是他当时来剧组实习拍戏，说不定也在做酒店，真的不知道现在的自己在哪里。

我说，做酒店也挺好啊。

他说，那毕竟我不是太喜欢啊。

如果你有一杯水，接下来你要干吗？答案很简单，你要做你自己想做的事情，和水没关。这杯水，可以是我们的工作，是我们的专业，是我们的学校，总之，是我们现有的东西。可是，多少人都只是盯着这杯水，而忘记了自己真正生活的目的，忘记了自己到底想要什么。

的确，当你有杯水的时候，你完全可以放下，可以不管它，去做自己该做的事情，去放肆去流浪去走南闯北，而不是因为一杯水停止了步伐，缩小了你有的界限。

我们总是被我们拥有的，限制住了自己原本无限的可能。

3. 心理学上的一个恶性循环

这是人的心理有的一个 bug：一旦有了什么，就把所有精力都聚焦于自己所拥有的，以它为中心去设计计划，却从来没问过自己是否喜欢它。

当精力被聚焦在自己拥有的东西上面，也就很容易忽视其他的可能性，然后变得越来越珍惜自己拥有的。随着时间的推移，拥有的越少，就越珍视那点东西，从而导致恶性循环。

我之前当英语老师，很多同事就是这样，他们一开始只教两门课，每天就这么上着，每天除了教英语就是回家，其他的基本什么也不在乎。

后来，他们怕累，干脆把两门课减少到一门课，直到最后这门考试被取消，他能教的课没有了，忽然间，他什么都没了。

有时候我经常会问：是生活，还是对生活的选择，把他逼近了绝路呢？

4. 双管齐下：课后的生活，决定了你的转型

那是不是我们一定要放弃自己的本职专业，一无所有地去追求自己想要的呢？

也不是，这世界上一定有一条路是能兼顾两头的。我曾经见过一个经济系的学生音乐学得很好，后来一打听，他下课后的时间几乎都给了音乐。

我问，那你专业怎么办？他说，不挂科就好了啊。

是啊，这就是底线：不挂科就好了。

只要以不挂科为底线，拿到学位证作为保底，其他的时间拿来浪费了也是浪费，还不如去打磨另一技能，而这一技能，将会伴随你走得更远。

我曾经写过《下班后的生活，决定了你一生》，是因为我在当老师时，大家下班都去喝酒、看电视了，但我不一样，我每

天晚上回家看书写作，几年的坚持，我转型成了作家，其实他们不知道的是，我还用平时休息的时间报了个导演班。

这都是转行的准备，其实所谓转行，就是你有没有在新领域花过正确的时间，花过足够的时间。而聪明的人一定是两管齐下，绝对不是走一条路然后堵死另一条路。而我们也见过不少高手，他们不仅没有丢掉自己的本职专业，还做好了另一件事情。其实，他们无非是牺牲了一点休息时间，用好了鸡肋时间而已。

所以，这样双管齐下的生活，会不会很累，累得醉生梦死啊？

不会，你看看大学校园里，有多少大学生在大学四年选择了修双学位，有多少学生去别的学校蹭课听？

其实，大家都有时间，那些总是抱怨很忙的人，忙到没有时间去打磨一技之长的人，无非是不舍得牺牲娱乐的时间罢了。

5. 厚积薄发，考证书、等考研、去实习、找工作

其实跨入一个新行业无非就是三步：第一步，有相关知识、能力足够，有足够的本事，开始能力变现。第二步，认识圈内人，在圈子里和牛人发生连接。第三步，得到圈外和众人的熟知，在圈子外发光。

所以，从这个角度来看，进入一个新行业不难，难的是在大学四年里，你是否可以做到四个字：厚积薄发。

我建议你去考证书，因为在考取相关证书时，你就跨过这个行业的最低门槛；同时，在准备证书的路上，能力得到了提升；如果在同一考场和领取证书的途中，认识了几个朋友，这些人又属于同一个圈子，人脉也得到了扩充。

我也建议你用考研来更换轨道，因为跨专业考研，其实是最方便的一种跨界方式，也是最容易的一种方式，拥有这个领域最牛的人脉。

我还建议你去参加校外的相关实习，你可以不要钱，哪怕一分钱不要也行，但你一定要 all in（全心投入），只有全心投入，才有机会成长，更有机会学到另一领域的东西。

我还建议，当你觉得自己能力很强的时候，去找工作或者去收费，因为那是评价你这项能力是否强大的最好方式。

总之，你要相信，你现在的专业不一定是你以后的工作，甚至可能性都不大，只要你有明确的方向。

想起一句励志的话：如果命运夺走了你的生活，记得，用双手创造一个属于自己的未来。

上大学应不应该多考一些证书

1.

这是我在上大学时，问师兄的一个问题：上大学了，是不是应该多考一些证书？

师兄笑了笑，说：上大学了，最重要的是玩玩儿游戏，泡泡妞，睡睡懒觉，怎么开心怎么来。你想，高中已经学了三年，现在好不容易没人管了，还不应该用尽全力地放肆自己的青春，没事儿考什么证书啊？作死是不是？

师兄说完，就打开了电脑，敲打起了键盘，玩起了游戏。

师兄回答时的场景，至今让我历历在目，直到今天，我终于可以说：很庆幸自己没听那个师兄的建议。

因为我清楚地记得，在找工作那天发现：一份较高年薪工作的背后，是几十人甚至上百人的竞争，有些人的年龄比我大很多，甚至有更多的社会经验和资源，有些人比我家庭背景好，还比我好看。当所有人都站在同一起跑线上时，招聘人员连我的简历都没看，只问了我一句话：

你大学四年获过什么奖，来证明你和他们不一样？

残忍的世界。

2.

可世界本身就是这么残忍，当一份工作十分抢手，又被绕过关系网络放在市场上时，面试人员真的只有一分钟甚至更短的时间去了解你。此时此刻，你大学四年获得过的那些证书和奖状，简历上的亮点和干货，比你空空地写下"尊敬老师、热爱学习"要重要得多。

因为，那些代表着过去四年你是怎么过的。

我很庆幸，我从大一开始就尝试着参加各种各样的比赛和考试，虽然有一些没有获得名次，但凭借自己的充分准备和努力，还是拿到了大多数的证书。于是当面试官问我：你大学四年获得过什么奖时，我能很自信地说：那年我英语演讲比赛获得了北京市冠军、全国季军，还获得了这个那个……

我以为自己很牛了，可是那天，我听到了另一个人的答案。

当被问到"你大学四年获得过什么奖"时，他笑嘻嘻地说：你要什么奖？你要什么我都有。

那个答案直到今天仍让我深深敬佩，当他从包里拿出无数个证书的刹那，我着实有一刻以为他是办证的。

但其实不是，他在大学四年参加了很多比赛，考取了许多证书，在他的简历上，写满了大学四年的努力和那些大大小小的成就，有些虽然只是校级的，但那些奋斗都被写在了简历中，撒不了谎。

这些更有说服力。

3.

所以，为什么要在大学四年里面多去考一些证书呢？因为，那些是证明你大学四年没有浪费时间、证明你和别人不一样的最简单的方式。

你可以辩解，我就是和别人不一样，我为什么要证明呢，还要靠证书证明呢？你多跟我在一起一段时间，自然就能知道我的与众不同了！

可在这个快节奏的社会，你真的很难期待招聘人员和 HR 用半年或者一年的时间去发觉你的闪光点，再花半年和一年去培养你的能力，发现你的不同，你必须用最快的方式证明你的优秀，你要知道这个国家最不缺的就是人，最缺的是时间和精力。

这样看，你简历上写下的那些证书，就显得方便了很多。

曾经有很多人问过我学历是否重要，我的回答都很简单：重要。

然后他们继续问，那为什么很多人没学历还能活得这么滋润？

我说，他们活得很滋润不是因为他们没学历，而是因为他们的学历被他们的其他光芒所覆盖，比如你见到韩寒，只会知道他是作家；你见到比尔·盖茨，只会知道他是企业家，而不会问他你是哪个学校毕业的。

当自己的某一个专长和技能被社会认可，学历本身就不重要了，因为，你已经有了更好的方式去证明你的优秀与价值。

说细一点，到底怎么才能被社会认可？一个个证书和奖状，就是认可，就是答案。

4.

有人肯定要反驳了，你这也太重视证书了，难道我上大学就是为了那些证书吗？如果我是英语专业的，考个导游证有用吗？

我想告诉你：首先，如果你大学迷茫，没有目标，反正迷茫也是浪费时间，还不如把目标放在这些比赛和证书上，因为每一次考试结束，都会让你有能力反思自己这段时间的学习状态，应该继续还是改变。

这样的目标，总比你打游戏、追剧要好得多。

然后，如果我是英语专业的，考个导游证，你别说，还真有用。

我听过一个英语培训公司的 HR 给我讲过一个故事：那天招聘时，来了两个刚毕业的英语老师，特别巧，还都是女生，而且是一个学校的。

可惜的是，公司只有一个岗位。

于是 HR 看了她们的简历，发现两个人在英语上的成就一样。然而，其中一个姑娘简历上写了三个字：导游证。于是，HR 招聘了这个姑娘。

我当时很诧异，说，你这是根据什么标准呢？

他说，第一年大多数的老师没有太多课，所以都在做一些基础的事情，而我招聘她的时候是在年底，公司正在准备出游，她的导游证能为公司省下一笔费用呢。

听到这里，我一边嫌弃着这个抠门的公司，一边感叹着这个现实的世界。

可是，既然我们无法改变这现实的世界，就只有让自己变得更强，才能在这现实的世界里变得更好。

就像今年的四六级增加了口语考试，我在每个班上都建议大家报名口语考试，很多人说：算了，我就为了过个四级，考啥口语？

我笑了笑说：你永远不知道以后哪个证书能帮你找到一份好工作，能帮助你做人生的一次重要改变。既然无法确定未来，就时刻准备着；既然不知道哪个证书有用，就多参加几个，能接触到的，都报个名，然后用心准备一下。

何况证书的本质，远不止这些。

5.

其实当你爬到一个高度时，回首往事，很少有人会记得这些比赛证书和自己曾经获得过的名次，因为大多数奖状都会随着自己高度的增加而褪色或被遗忘。

可是，在准备这些比赛过程中提升的能力，却如影随形地伴随着你的成长，融入骨髓，变成你的一部分。

我本科学习的不是英语，但当我在大二那年决定参加英语演讲比赛时，背后的努力让我完全蜕变，终身受益。

每天对着墙练习八九个小时的口语，站在空教室假装有人听我演讲，从初赛到半决赛、决赛的锻炼，比那个证书在今后对我的成长帮助更大。

后面的生活里，我明白了在一个新的领域想要有所成就，就应该付出一切地去拼命，明白了要耐住寂寞，才能守住繁华的道理。

其实上大学最重要的，想必就是设定一些这样能看见的目标，然后一点点地实现。每个阶段性的努力，都应该有个证书去鼓励一下，有个奖状去证明一下，多一些自信，能方便自己更好地成长。

就比如我见过太多人跟我留言：老师，怎么学好英语？

这种问题很难回答，因为实在不清楚，到底什么是学好？没法定义啊。

与其这样，是否可以定义为：

这个学期考一个四级证书，下学期考个六级证书，然后参加一个托业，再参加一个 BEC，接着考雅思托福……

这么一步步地，目标明确地奋斗，想学不好都难。

愿我们青春无悔。

最后推荐一些证书：

一、国家司法考试

1. 报名条件

高等院校法律专业本科毕业，或者高等院校非法律专业本科毕业并具有法律专业知识。

2. 考试科目

理论法学、应用法学、现行法律规定、法律实务和法律职业道德。

3. 考试时间

每年 9 月的第三个周末，考试分为两天进行，分别考查四个试卷。

4. 推荐理由

高薪行业入职门槛，司法从业者必备证件，初任法官、初任检察官和取得律师资格必须通过国家司法考试。

二、注册会计师证

1. 报名条件

具有专科以上学历，或具有会计或者相关专业中级以上技术职称。

2. 考试内容

专业阶段考试有会计、审计、财务成本管理、公司战略与风险管理、经济法、税法 6 个科目；综合阶段考试科目为职业能力综合测试。

3. 考试时间

2016 年为 8 月到 10 月。

4. 推荐理由

注会被认为是财会领域第一黄金职业，目前我国注会缺口仍然很大。

三、特许金融分析师（CFA)

1. 报名条件

不限定专业。

2. 考试内容

考试分为三个等级，知识领域包括道德和专业准则、量化分析、经济法、财务报告及分析、证券投资等。

3.考试时间

第一级考试每年 6 月和 12 月各举行一次；第二级及第三级考试每年均于 6 月同时举行一次。

4.推荐理由

长久以来，CFA 一直被视为金融投资界的 MBA，在全球金融市场更为抢手。CFA 资格是国际通行的、最具权威的金融分析领域的行业标准。

四、中国精算师

1.报名条件

分为准精算师和精算师。报考准精算师需要具备本科以上学历，申请精算师需要具备中国准精算师资格。

2.考试内容

精算理论和技能，考试要求以精算实务为主，涉及财务会计制度、社会保障制度、保险法规等。

3.考试时间

每年春秋两次。

4.推荐理由

精算师的职业生涯被喻为"金领中的金领"。我国精算人才紧缺，有预测称，我国未来十年急需 5000 多名精算师。

五、教师资格证

1. 报名条件

都可以，师范生推荐。

2. 考试内容

自 2015 年起，教师资格证采取全国统一考试的形式。考察综合素质、教育教学知识和能力、学科教育知识和能力，采用"机考＋笔试＋面试"的形式。

3. 考试时间

统考后，每年上下半年各一次。

4. 推荐理由

公立教师资格证是教育行业从业教师的必备证书。

六、人力资源管理师

1. 报名条件

共设四个等级，分别为：人力资源管理员（国家职业资格四级）、助理人力资源管理师（国家职业资格三级）、人力资源管理师（国家职业资格二级）、高级人力资源管理师（国家职业资格一级）。报考条件各不相同，一般要求有从业经验。

2. 考试内容

考核技术知识和技能操作。涉及人力资源规划、职业生涯设计、薪酬福利设计与管理、劳动关系管理等相关内容。

3. 考试时间

每年两次，分别在 5 月和 11 月。

4. 推荐理由

人力资源管理是如今少数几个行情持续看涨的职业之一。

七、心理咨询师

1. 报考条件

心理咨询师分为一、二、三级，报考标准条件不同。一般要求具有心理学、教育学、医学专业的教育背景。

2. 考试内容

基础知识：基础心理学、社会心理学、变态心理学、健康心理学；

操作技能：心理诊断技能、心理测验技能、心理咨询技能。

3. 考试时间

一般在每年的 5 月和 11 月。

4. 推荐理由

随着国内对于心理健康的关注度的提高，心理咨询行业将越来越受到重视，这方面的人才也将被广泛需求。

另外还有英语相关的证书，在这里就不一一列举了。

要参加社团，而不要着迷权力

　　每一位刚进大学的学生都会面临着加入学校社团的困惑，要不要进入社团，要不要进入学生会，什么时候退出，加入几个社团算合理，社团能给我带来什么，我能学到什么，社团在大学四年扮演什么样的角色？

　　所以，今天就为你们分享这个话题。

　　如果你已经工作，也可以看看这篇文字，因为在你的工作中，每个部门都是一个社团，每个单位都可以是一个学生会。

　　学习是一辈子的事情。原来没解决的事情，今天咱们重新再来。

　　1. 你要进社团，因为那里可能有你的挚友

　　我对社团和学生会的看法首先是肯定的。

　　什么是朋友？

　　我曾在一个创业论坛上听到这么一句话，现在这个时代，成为好朋友最简单的方式就是和他共同做一件事。

　　《速度与激情8》中就把这个道理讲述得很透彻，无论过去多么相恨的两个人，只要开始有了共同目标，矛盾立刻就开始化解，变成了好哥们。

　　后来我一想，还真是这个道理，现在我身边的几个好朋友，都是从一无所有打拼到今天的挚友，大家在一起创业，一起拍电影，所以才有了现在的彼此，成功和失败不重要，重要的是一路相随。

所以，在学校最好的朋友，最可能在社团和学生会遇到。

因为同宿舍的人，没有共同目标，只是被迫被分在一个屋檐下，往往很难成为好朋友，但如果你一定要让室友变成朋友，就拉着他们一起参加社团吧。

社团里的朋友虽然来自五湖四海，但有着共同的爱好和共同的目标，很容易共力去做点什么。而这种共力，能很快拉近彼此的关系。

这样有着共同目标的共力，能让感情得到十分稳定的升华。另外我想说，很多男女朋友，也是因此而发展得更稳定。

其实当你走上工作岗位后，就会慢慢发现，结交好朋友的方式只有两个：一起浪费过时间，一起为了共同目标奋斗过。而后者比前者更巩固。

很多大学的朋友，在毕业后，成了创业伙伴，成了彼此生命中难得的诤友，成了一辈子的财富。

2. 学会合作是人生的必修课

独生子女政策给了中国孩子一个很大的缺陷：不会合作。

的确，从小被六个亲人围着转，哪里还用合作啊。

可是，在你工作之后，不仅要学会单打独斗，更要学会合作，你要学会发挥你的强项，同时善于用别人的强项弥补自己的弱项。

此时此刻，如何合作、如何跟对方沟通、怎么发挥自己的领导力、怎么分配工作和接受被分配的工作的能力显得非常重要，这些能力能迅速地把两个人区分开来。

我第一次遇到我们团队制片人时，他还是个酒店服务员，刚辞职加入我们，我很快就看出他有一个我不具备的品质：做事极度细心。

于是，我让他尝试着做制片人的工作。

现在，他已经是个很成熟的制片人了，我们在一起合作了好几部电影，每次他都会在我粗枝大叶布置的片场下帮我解决很多细致的麻烦。

合作的意义其实很简单：我们应该集中自己的力量做擅长的事情，用别人的长板去弥补自己的短板，让彼此都舒服，让谈判顺利进展下去。

很多人曾经问过我大学的意义，我觉得大学的意义在于人，而不是学位。你如何面对形形色色的人，如何与来自五湖四海的人合作，怎么去和自己不喜欢的人交流，怎么去组织一场活动，活动的哪些细节应该交给谁去干最合适，这些合作的能力在家里是学不到的，只有在社团，你才能得到最好的锻炼。

3.社团、学生会是打通校内、校外资源的方式

有一次签售的时候，有一个小男生从我进校门一直陪着我

直到上台主持，他很细心，照顾得很周到，一直怕出问题，一直问我问题：比如什么可以问，什么不能问，比如一会儿他主持的时候，怎么引荐我上去比较好。

那场活动很顺利，在结束后，他一定要加我微信，我一开始不太愿意，后来想到他的一举一动让我挺感动，于是同意了。

几天后，他告诉我，自己喜欢主持，想成为一位主持人。于是我让他把简历给了我，转手发给了我中央人民广播电台的朋友，刚好他们正在招实习生，于是他在大二那年，得到了一次实习机会。

这位同学很聪明，因为他知道，这是身居社团和学生会的另一个优势：社团学生会是打通校园、校外资源的方式，只要有活动，就有了更多与陌生人连接的可能性，而这些东西，转手都是人脉。

而作为主办方，作为承办者，你就有更多机会走向后台，走向嘉宾，去扩展自己的人脉。

当然，我还听说过有些学生会的学长，利用自己的职业之便，总找师妹谈话，后来和师妹谈起了恋爱，虽然这样的行为不太美观，但也从侧面反映了，参加社团是一个打通校内、校外资源的良好方式。

直到今天，我还是会参加一些论坛和活动，但我很少去加别人的微信，因为当你走入商业的领域，所有的感情，只有一句话：

只有等价的交换，才能有等价的友情。

可是大学不一样，那里相对单纯了很多。

4. 你要敢于竞选骨干

从金字塔的顶端看到的世界和从底部看到的世界是完全不一样的。

《死亡诗社》有一个情节，我至今印象深刻，老师让学生们站在桌子上去看这个世界，因为从上往下看，看得更清楚。

如果世界是平的，为什么都要往上爬？

这说明世界不是平的，也不是公平的，尤其是当你进入一个体制的时候，体制一定分三六九等，一定分上下级，不管我们有多么不愿意承认。

好在，学生会和社团的等级化没有那么严重，或者，不应该这么严重。我们都应该去尝试往上爬，毕竟，不逼自己一把，你也不知道自己是不是有领导力。

如果竞选失败了，也可以看看自己和别人差在哪里。

其实,成为一个有领导力的人是需要很多特质的:演讲能力、有担当的个性、平易近人的性格、突发事件的决策能力，这些，你都需要四年的时间去学习。

5. 别恋战，该撤就赶紧撤

我刚才为什么说学生会等级化不应该这么严重呢？

是因为很多学校的学生会等级观念很严重，甚至严重到让人恶心的地步。

我曾经去一个大学做签售，让学生会主席给我找一个小教室，我一会儿要上网课，结果那位学生会主席说：我给你安排两个干事做一下。

我当时有些震惊，以为走进了政府大楼，不敢相信一个刚刚二十岁的孩子竟然用的是"安排"二字。

可是，临近上课，小教室一直没有"安排"好，我很着急地打了这位主席大人给我留的电话，结果没想到，电话里那位学生说：他是副主席，我也是副主席，他没权力命令我。

于是，我只能在路边的一个安静的地方，用4G上了两个小时的课。

后来我签售结束，那位主席大人说，李老师，我安排了干事送您。

我微笑地跟她说，不用，你送我就好。

她赶紧放下了手上的东西，刚想说什么，我收起了笑容，严肃地说：就你送我。

在路上，我跟她说了这么段话：如果你从小就学会官僚主义，学会争权夺利，学会不尊重人，学会只要权力不要责任，你还是不要去读书了，因为你这一系列行为是愚蠢的。

我为什么这么跟她说呢，因为中国根本没有真正的学生会，为什么呢，因为，学生会是在团委的指导下学生管理自己的群众性组织，什么意思？学生会的一切资源和权力，都在分管的团委老师手下。你所有的权力，都不过是小打小闹，而跳出这个体系看，所有的权力，不过是过眼云烟。

所以，聪明的孩子，会把学生会锻炼自己的机会当真，而不会对权力当真，毕竟，这算什么权力啊？

6. 除了回忆和朋友，你什么也带不走

讲到这里，我想你已经弄明白学生会和社团对我们的意义是什么了：是一个提高自己的平台，而不是追逐权力的名利场。

可惜的是，许多学生会逐渐成了一个藏污纳垢的地方，大家在一个集体不仅不学习，还比着谁的手段高明，谁更能讨好老师，每次想到这里，我都会有种深深的无奈。

我曾经跟一位大四还在当学生会主席的男生聊天，他自己一个人坐一个办公室，忙得焦头烂额，帮老师打理各种杂事，他不停地跟我炫耀自己的工作多忙，我问他，你自己工作找了吗？自己未来打算了吗？毕业准备去哪里？想要一个什么样的生活？

问到这里时，他有些迷茫，然后转身说，我先走了，老师那边找。

我点点头，让他走了，因为当他说有老师找的时候，很自豪。

可是，梦终会醒，无论你在学生会当多大的骨干，当多少年主席，在你毕业后，这些权力都会烟消云散，除了回忆和朋友，

除了能力和经历，你什么也带不走。

而这些也就是最重要的。

其实从大三开始，你就应该更为自己的生活而考虑了。

学校的老师，帮不了你的未来；学生会的职位，不会陪你到工作岗位；学校的荣誉，在毕业那天曲终人散。

你的未来，只有你自己可以负责。

可惜有些人，却在最该学习的日子里，陷入了无聊的争斗中，毕业后，追悔莫及。

愿我们都能得到自己想要的生活。

你该考研还是工作

这是一个关于人生选择的问题，也是微博里学生常问的一个问题。

所以有一句话先要写在前面：任何关于人生选择的问题，都没有固定答案，都要靠你自己选择。毕竟，每个人都有自己独特的思路和梦想，这就是为什么人和人之间有着这么多不同和迥异。

我无法用一句话告诉你，你是应该考研还是工作，因为在我完全不了解的前提下告诉你要考研还是工作，太不负责。所以，我写了这篇文章，给你作为参考。写的例子都是真实发生的，背后的总结也是我与许多老师讨论过的，只愿对你有一些启示。

1.

第一个问我该考研还是工作的是一个姑娘，市场营销专业，找我的时候特别迷茫。说自己大四了，找工作怕不喜欢，考研怕考不上。所以很迷茫，不清楚自己到底要做什么？

我问她，那你想干什么呢？

她说，想先考研试试吧，毕竟大学四年也没学会什么，想要在研究生三年再多学点东西。然后再去面对世界的残酷。

我笑了一下，说，你放心，如果你大学四年都没有学到一些什么，你的学习态度和效率就已经定型了，就不要再指望研究生三年能学到什么。把所有的希望都放到未来，而不是现在下定决心去改变，别说能不能考上，就算考上了，也不过是多浪费三年的时间。

她愣在那里，仿佛说到了她的痛，她问，那我该怎么办？

我继续发问她，我问你啊，你学的专业：市场营销，是你喜欢的嘛？

她说，是的。

我继续问：那是经历重要，还是学历重要？

她说，经历重要。

我说，那你要那么高的学历有什么用呢？如果你想学习，社会本身就是一个更好的大学，能给你更多更接地气的知识，比如如何跟人交流，如何搞定领导，怎么了解产品……这些比学校的更实用。

她愣在那里，想了很半天，后来她告诉我：行吧，我承认，我就是怕，所以才想拖延一下找工作的时间。等我研究生毕业，肯定会更好的！

我笑了，她问我为什么笑，我没说话，因为，很多人都是这样想的。

打败恐惧的最好方式就是迈出第一步，去做那些令你恐慌焦虑的事情，你会发现其实可怕的不过是自己而已。

许多人考研的原因都是这样，他们害怕这么早进入社会会不会吃亏，自己大学四年还没学好呢，自己能找到好工作吗？要么，再学三年吧。

三年后真的会更好吗？

我想起我的朋友阿力，毕业后，两条路摆在他面前：一条是考本校研究生，一条是进一家世界五百强企业工作，月薪5000。

选了半天，他还是认为自己没有做好进入社会的准备，放弃了公司给的 offer，进了大学继续深造。

研究生三年，我见过他两次，他说自己韬光养晦，正在寒窗苦读，我说你这是世外桃源。

其实他生活压力不大，除了帮导师赚赚钱，写写论文，其余时间很少出校门。看似每天用功读书学习，其实当一个人没有短期目标和压力，是很容易颓废的。

我参加了他的研究生毕业典礼，他告诉我了一句让我很难忘的话：我和本科生最大的区别，就在于，他们浪费了四年，我比他们多浪费了三年。

这句话很让我震惊，我问为什么？

他说，他毕业后，同样的公司给他发 offer，月薪却只有6500。他研究生三年，月薪只涨了1500，还不算通货膨胀。最搞笑的是，他的同学，这三年已经干成了项目经理，变成了他的上级，而他却要从头开始干。理由是，他没有相关经验，要重新去熟悉公司的业务，从零开始。

我说，但是你这三年研究生学到的东西不白学啊。

他笑了一下，说，你看过别人杀猪吗？

我说，看过。

他继续说，你会杀吗？

我说，不会。

他说，我现在就是这样，看过太多人杀猪、听过太多人说怎么杀猪，该我杀猪了，我不敢，于是又看别人杀了三年猪，现在逃不掉了，轮到让我杀了，懵逼了。

他给我讲的故事，挺让我难受，我想，如果他知道自己早晚都要面对找工作的困难，早晚都要面对社会的恐慌，知道学校的所有学习生活都是为了更好地进入社会，他会不会在三年前就做了改变，不考研了。

或者，他工作几年后，当知道自己缺了什么、需要什么后，再去考研呢？

我不是在强调考研不好，只是为了逃避而考研的人，不应该。

但真的有很多人，通过考研，改变了生活。而且太多人，因为考研，生活的轨道发生了巨大的变化。

总结一下，这样三种人考研，真的能改变人的命运。

1. 本科学历不好的

如果你高考失误，对自己本科不满意，并且影响了你找工作深造，那么就设定一个名校为目标吧。毕竟，名校有更多的资源、更好的师资力量和更厉害的同学，说出去也有面子一些。甚至有一天你在找工作时，你也可以直接报自己研究生的学历。放心，面试官一定不会再问你本科学历了，你的现有学历往往会盖住原有学历。如果他问了，你也可以自豪地回答出来，因为从那样一个学校的本科生到现在这个学校的研究生，鬼知道你经历了什么。

2. 你真的想要去做学术，想要去深造

有很多专业是真的需要深造的，比如我的一个学生学的是地球物理专业，他告诉我，本科的学历真的不够自己对这个领域的了解。

所以他必须要考研，甚至考博，必要的时候，考博士后。

我听得发呆，说，博士后啊。

他笑着告诉我，因为我喜欢这个专业，想一辈子做学术，更深入了解这个领域，这个领域，就是我的世界。

后来，他真的发奋图强，考了北大的直博，六年硕博连读，他说以后还要考博士后，留在学校一心一意做学问。

听起来，是一种不错的生活，毕竟在学校生活安稳舒适，也有挑战。

3. 我不喜欢自己的专业

因为某些原因，很多人的专业是被分配的，本以为一些专业学着学着就喜欢了。殊不知，有些专业学着学着就厌倦了。

我遇到过很多人，都学着自己不喜欢的专业，明明知道自己喜欢着另一个领域，却又为了本科学历，不得不继续学着。

我曾经写过一篇《别用自己所拥有的，去限制自己的无限可能》的文章，关于不喜欢自己的专业，完全可以用闲暇时间去学习一个喜欢的专业，并且能学得很好，只要你肯牺牲睡眠时间，牺牲打游戏时光。

但如果没有资源呢？

你就可以考虑通过考研来决定自己的跨界了。

通过考研，你可以从一个城市考到另一个城市，可以从一个领域进入另一个的领域，获得那个领域的资源起点，可剩下的，依旧要靠自己的奋斗和努力。

所谓考研，不是躲避找工作和走入社会的理由，而是一个跨界、提升、转型的起点。

如果不是以上三个原因，我建议你去尝试着找找工作，或者合伙去创业，哪怕从基层开始，虽累，却也是学习，只不过，这种学习不是坐在教室里听老师讲课，不是坐在宿舍里看几本杂书。

社会教你的，更残忍，更直接，更痛，却更有用，更能打造出最好的你。

社会这所大学里，没有毕业，没有辅导员，也没有教室，但你会发现，每天都是考试，每日都是测验。从学校到社会，每个人迟早都会完成转型，逃不掉的。

最后，回到这个问题本身。

我见过许多大三大四的学生，不停地问着别人，我该考研还是该工作。

这一问，就是一个月，他整个月整个月的迷茫着、发问着，却一直不做什么，坐在宿舍里打游戏看韩剧，时间一分一秒地过去，他还不停地问着别人，我该干什么啊？

然后六月份过了，校园招聘结束；然后十一月份到了，准备考研来不及了。

他又去等待第二年，继续迷茫着。

艾默生曾经说过：二十多岁最重要的事情是坚持，三十岁最重要的是智慧，四十岁最重要的是选择。二十岁迷茫是常态，因为选择是四十多岁的人才能有的技能。

既然如此，你在迷茫的时候，为什么不先做点什么？尝试一下，你为什么不先做个简历，去人才市场投投，看看自己适合做什么？

你为什么不去找个导师问问，你喜欢的专业今年招不招你这个专业的研究生，招几个，该如何备考？

人吧，最怕的就是永远不迈出第一步去尝试一下，然后坚持一下。

有时候，一件事情，坚持着坚持着，就可能变成了事业。一段恋情，坚持着坚持着，就可能变成家庭。

有人说，要是坚持错了呢？

那又如何，你还这么年轻，大不了从头再来啊，总比你在那里傻站着强。

杨绛先生说过：人生最大的痛苦之一，读书太少，但想得太多。

其实，还有一件事情更痛苦，就是蹑手蹑脚，恐惧前方，不迈出第一步去尝试，还没开始做，就自己吓自己，说万一不行呢？

你只有试过，才知道自己适不适合现在考研，适不适合现在工作。

一旦决定，就义无反顾地拼，一旦放弃，就无怨无悔地走。

愿我们青春无悔。

留学真的错了吗?

1.

2012 年前后，我身边的许多朋友都在大学毕业后选择了一条高大上的路：出国。

那时是出国热，那时的中国发展前景不明，国外虽然不知道会发展如何，但那里毕竟是远方。

那些朋友有些去了美国，有些去了英格兰，有些去了迪拜，有些去了更远的地方。

那时，对所有有追求的文艺青年来说，没有什么选择比这个更能看到更广阔的世界了。

我的朋友秋秋，就是无数漂洋过海的学子之一。北科大毕业后，她没有考研，英语专业的她，参加面试去了大不列颠的孔子学院，当了一名中文老师。

她在那里传播着中国文化，这一去，就是两年。两年后，她任期结束，回国找工作，准备定居北京。

秋秋从英国回来后的第一周，我见到了她，我问她生活怎么样。

她说，除了人多点不适应，空气太差不喜欢，其他都挺好的。

我们是多年朋友，虽然许久不见，但总能感觉她身上有些不愉快在蔓延。

我知道她在一家投资公司做着实习工作，男朋友也刚刚毕业，两个人在英国时通过社交软件联系着，回到北京后两个人的关系没淡，毕竟刚刚毕业，都很快投入了在北京打拼的节奏中。

我问她公司怎么样，她说，挺好的，老板也挺喜欢她，同事也总对她微笑。我问，那工资呢？

她说，大概有 7000 多，扣掉五险一金，在北京够花。

从认识她起，就知道她是个很容易满足的女孩子，或许是我想多了，谁知道呢，毕竟自己又不是当事人，子非鱼，何知鱼之乐呢。

自从她出国，我们就再也没见过，两年了，太多回忆要去追溯，太多动态要去更新。

那天，我们在世贸天阶，吃着东西，聊着天。

可是每次聊到工作和现状，她总是从情绪中透露着明显的不满，却碍着面子，不太好发作。

可聊到英国那些事，她的眼睛就放着光，她喜欢跟我分享她在孔子学院的故事，聊到英国的世界杯，聊到英国孩子的口音，聊到北爱尔兰闹独立，聊到她住的地方：曼彻斯特。

每次聊到那些，都看到她的笑是那么真，她说她怀念那个时候的感觉。

她说，那两年，是她最走心的青春。

于是，我问她，既然那么喜欢曼彻斯特，为什么不留在那里？

她叹了叹气，强颜作欢地说：毕竟，祖国是我家啊。

我没在继续追问，因为每一个归国的学子，都有着难言的伤。忽然，我想到了许多人。

2.

2012 年前后，应该是中国最后几年的出国潮。

在国内看不见希望时，或找不到好工作时，大学生总想去外面看看。我的双胞胎姐姐，也是无数出国大军的一员。

那年她高分考过托福和 GRE，一个人背井离乡，来到波士顿。前几个月感觉还好，可是到了半年前后，她开始迷茫难受。

一个中国人，毕竟在国外混不进白人主流的圈子，不是种族歧视，而是你在看《葫芦娃》的岁月里，对方在看《辛普森一家》，他们讲的笑话是关于选举总统的，而我们却只在小学时选过超女。你只能说 in china we…但他们说，hey, this is USA.

文化不一样，无论语言多么流畅，都只能是门外汉，找不到属于自己的位置，混不进对方的圈子，在哪里都是背井离乡。

两年后，我姐姐从美国回到北京，去了一家知名的媒体当记者。

　　那家媒体给她的工资不高，她浑浑噩噩地干着，我时常开玩笑地跟她说：早知今日，当初为什么还要出国啊，你看你现在的工资还没我高，还没你当初那个不如你的同学高，哈哈哈哈。

　　每次开这种玩笑时，总看不到她的脸上有笑容。她总是显得很沉默。

　　直到有一天，她告诉我：放心，总有一天我脑子一抽，就又回波士顿了，说不定读个博士，说不定找份工作，说不定定居了。

　　我仔细听了，她用的是字眼是"回"。

　　的确，每位回家的海归，都不甘心这么快定下来，就好像，远方那个地方，才是家。

　　可是，他们回不去，因为客观原因，无法定居远方。那么，远方就会是每一个归家孩子的梦，这个梦，会陪伴他们很久，回不去，又不能很快来到。

　　可这个梦，是他们的青春。

　　两年后，我陪我姐姐去了美国，她一路都在跟我说，这里是我自习过的地方，这里是我上过课的地方，我在这里笑过，我在那里哭过。

　　她说这话的时候像个孩子，可是她清楚地知道，自己再也回不去了。

　　她依旧会想念波士顿的一草一木，却只能吸着北京的雾霾，感叹着生活的无奈。

3.

我一直觉得在 2012 年前后出国的孩子，心中总有一种难言的殇。

2014 年后，中国的经济发展迅速，互联网和文化领域迅速崛起，房地产不再是中国唯一致富的方式。

搭上互联网和文化快车的人在那几年都迅速地致富，而相反，西方在那两年却在走下坡路。2016 年，特朗普上台，美国的政治和经济遇到更大的挑战，在这样的情形下，大学生出国到底是否划算，开始在很多人心中打上了问号。

可是，对于那些已经出国的人们，他们没有选择，因为经历在自己身上的，你从来不可能说如果。

就像秋秋再一次见到我的时候，眼睛红着喝了两杯威士忌。

我问她怎么了？

她说，她受够了。

她说她受够了那些比她小的人对她指指点点，她受够了自己在国外学的知识在国内用不上，她受够了在国内要接受国内的潜规则，她受够了，她要回英国。

我仔细地听她说话，她再次用了这个字"回"。

可是，回得去吗？

她在喝了两杯后，终于还是鼓起了勇气辞职，我看着她打着一行字，又删除掉，然后又打了一遍发给了男朋友看，又迟迟不敢发给老板。

忽然，我想起了许多人，他们从国外回来，人都发生了变化，一些辞了职，一些换了伴侣，没人知道他们在想什么，只有他们自己在留学同学的聚会时，才会互相倾倒苦水，讲出那种想回又回不去的矛盾。

秋秋那天还是没有辞职，她想了半天，还是决定冷静，她看着我说：不丢人吧？

我说，赚钱哪有丢人的。

秋秋笑着说，骂了那老板那么多遍傻 X，现在还是不敢辞职，不丢人吧？

我说，哪有。

那些曾经出国的朋友，都是曾经的佼佼者，都是眼睛里容不得沙子的人，他们恨这个社会让自己的梦断，希望能看到更广的世界，愿靠自己的能力改变和帮助国家，于是选择了出国，他们花了家里大把的钱，花了最宝贵的时间。

可是回到祖国，却格格不入，于是只想逃避去远方。尤其是在看到那些还没有出过国的人，竟然混得比他们好时。

那天，秋秋喝得大醉，她在恍惚的时候问我：龙哥，我出国是不是出错了啊！我现在没出国的同学一个月比我赚的钱多得多，我要是两年前就开始干一件自己喜欢的事情，现在赚的钱肯定比他多啊，现在至少是个项目经理啊，追了那么多年的远方，到头来怎么成了后悔啊！

她说的我无法往下接，只能看到她上车后，一个人漫步在有雾霾的北京。这些年，我也在追求远方，想要看到更大的世界，难道，错了吗？

忽然，我想明白了一些事情，那个灵感像箭一样，射进我的胸膛。于是，我发短信给她：不是，你没错，至少你看到的那些风景，经历的那些事情，都是上天给你最宝贵的礼物，这些礼物，钱买不到，所以，有什么后悔的呢？

4.

我曾经问过自己一个问题，如果每个人出生不能决定，结果又都是一样，那么人和人之间能有什么不同呢？答案很简单，不是你这辈子赚了多少钱，获得过多少名誉，而是你这一辈子经历的事情，去过的地方，见过的人，读过的书，这些造就了现在的你。

那些经历，不能用金钱来衡量，因为每个人的经历都是无价的，都是不可替代的。

你看过的远方、听过的故事，都会融入你的血液，如影随形着，那些会变成你的格局、你的修养和你的眼界。

而且，没有一条路是白走的，所以，不应该后悔。

何况，没去过远方的人，只想着赚钱的人，又怎么会相信诗和远方呢？

那年年底，我再次见到秋秋，她当着我的面发了那条短信，那条短信上写着：老板，不好意思，我想辞职了，毕竟，在您这里，我看不到远方。

她写完这条短信，毫不犹豫地发了出去，然后张开双臂大喊：卧槽！终于解放了！我他妈又要变成穷逼了。

我在一边笑，不停地说：恭喜。

后来我才知道，她去了一家英语培训机构，一边兼职当老师赚钱，一边申请曼彻斯特那边的一份工作。

那年过年，她和男朋友在曼彻斯特照了一张合影发在朋友圈，第二张配图上，她的无名指带着一枚戒指。

后来，她成功地在曼彻斯特搞定了那份工作，男朋友考上那里的博士，两人定居在曼彻斯特。

那是她所谓的远方，是她曾经的青春，也是她的家，谁说回不去呢？

想到这里，我也笑了。

的确，我们去过全世界的各个角落，不是为了有一天能够炫耀自己去过那么多地方，不是为了用这些经历去换一个高薪工作，而是当你去过远方，才发现世界上不仅仅有苟且，更有那么美的风景。

我们一直纠结自己会定在哪里，落叶归根在何方，可是，只有去过更多地方，才知道自己的家在何方。

追逐远方，才能找到家。

愿你在那边好好的，永远幸福着。

也愿我们的生命里，永远充满着对未知的追逐，对远方的渴望。

大学不迷茫

03

普通人如何实现
爆发式的成长

在二流的学校里，如何成长为一流的人才

1.

我每天都会看大家在微博里给我的留言，时常看到深夜，私信的，每一条都看。问得最多的一种问题，是这么开头的：我的学校不好……或者，我是一个来自二（三）本学校的学生……我该怎么办？

我不知道怎么回答，因为我不觉得来自一个二流的学校就应该过着二流的生活。

二流学校，这几个字就像是一个枷锁，把人锁在二流社会和二流人生这么一个怪圈里。但真的是这样吗？这个圈真的不能解吗？

心理学有一个非常著名的实验，实验者问了许多人，当你手上拿了一杯水，接下来需要做什么？

同一个问题，千百个答案：喝掉；倒了；洗把脸；给别人喝……

可是，他们都陷入了一个怪圈：就是拿自己拥有的，去限制自己无限的可能，哪怕自己拥有的根本不好。

正确的答案是：想干什么，就干什么，你要去做自己喜欢的事情，和那杯水无关。人不能因为拥有了一杯水，就放弃了自己

喜欢的事情。很可能这杯水还不是纯净水，甚至苦涩、被污染。

而你呢，为了不丢掉这杯水，步步自封，蹑手蹑脚，过着二流的生活。

其实你大可以把这杯水丢掉，或者放在一边，接下来，你会发现世界很大，能做的事更多。轻装上阵，永远比提着大包小包走得更远。

这杯水，就是你的学校、你的专业，以及你所拥有的并不完美的一切。

2.

我想你看懂我在说什么了：你可以上二流的大学，但是，不能过二流的日子。

二流学校怎么了？

大学本科的学历只能证明高考的分数，表明高中三年的成绩，那都是过去，而大学，又是一个新的起点，你依旧可以卷土重来，回身再战。

我想你肯定又要抱怨，学校提供的资源太少，学校老师讲得太差，学校连比赛、考试都经常不组织，讲座请不到什么名人，图书馆都是老书，学校什么都没有，你让我怎么背水一战？

我跟你讲个故事吧。

　　我本科读的军校，学校不组织央视的英语演讲比赛，尤其是上电视类的，需要外出的。因为学校怕人员外出不方便管理，领导怕自己担责，认为多一事不如少一事，就干脆不办了。

　　我记得那是个冬天，北京下了很大的雪，那天中午，我偶然看到网上央视英语演讲比赛在报名，截止日期是两天后，我打了电话给我的英语老师问学校是否组织比赛。她说，这个比赛我们不组织，你要报的话，就自己报吧。

　　那时军校不让平时请假外出，我就找了一个好朋友帮我报名，比赛要学生证复印件和100块报名费，我算了一下时间，同城的一天就能到。于是我很快地把材料寄了过去，还在信封里夹了一百块钱。

　　可惜的是，我不知道信封里不让夹钱，还不知道应该寄个挂号信，第一次，信就这么寄丢了。

　　后来报名日期接近，信还没到，我打给邮局，那边却迟迟没有回应。

　　眼看实在来不及，我无奈装病请了病假去报名，最后一天，我赶上了初赛报名的截止日期。

　　后来一路比了过来，从初赛、复赛到半决赛，到北京市冠军，到全国季军，接着，这比赛彻彻底底地把我的命运改变了。

　　直到今天，我依旧感谢那个下着大雪的中午，倔强执着的自己，感谢那个信虽然丢了，但请着病假外出报名的自己。因为那时倔强的自己，为今后的我，创造了一个世界。

3.

后来我当老师的几年，见到了许多二本三本学校的学生，四六级考试比一本学校的学生还要高。

后来一问，原因很简单：因为他们丢掉了手中的杯子，去找了一个桶，然后，把水越装越满。

我分享一个故事：

我们团队的外联小怡自学能力超强，我交代给她做的很多事情，都是她第一次或者第二次做，时常，她看我做了一次就能迅速学会。

有一段时间我让她管理微信排版，她也做得非常好，后来我问她，是不是有老师教你啊？

她说，没有，我就是自己琢磨，上大学就喜欢琢磨。

其实她毕业于成都的一所二本院校，可是，大学四年，她没少折腾：参加各种地方的实习，蹭各个地方的讲座，甚至找外校同学要别的老师课表，冒充本校学生学习，自己还创立了社团。

她自己给自己搭建了一个世界。

所以，你可以抱怨学校不好，但如果你的青春全部放在抱怨和自暴自弃上，那可就真的只配拥有二流的生活了。

这些人的经历让我明白一些很有启示的道理，如果学校没有办法给你提供想要的，为什么不用双手去创造一个呢？

1. 自己学校的老师差，为什么不去别的学校蹭课？

很多学校都会开非常棒的公开课，欢迎各个系去参加，你完全可以跑两步去听，无非是需要早起，牺牲了午觉而已。甚至很多公开课直接在网上有免费版本。互联网到来后，越来越多的好课，越来越方便地传递到你的面前，你不用占位置，价格也超级便宜。你需要做的，只不过是收集一些这样的信息，关注几个公众号，仅此而已。

2. 宿舍同学都在打游戏，可你为什么非要合群？

我曾经写过《你以为你在合群，其实你在浪费青春》，文里谈过，英雄，永远是孤独的，只有小喽啰才扎堆；二八定理适用于每一个角落，尤其是当你在一个二流学校时。

别人打游戏，别人谈恋爱，别人追韩剧，跟你有什么关系？

人总要有自己的目标，才不会被人影响。

寝室是堕落的开端，总是在寝室里，尤其是离床近的地方，再给你一根网线和一个外卖电话，基本上一学期就能全部废掉。

大学里面这种人真不少，甚至到处都是。茫然导致颓废，颓废导致更茫然。要知道，多数室友很难发展成朋友，朋友是陪你共同进步的，这样的人，要去找。

你无法选择室友，但你能选择朋友。

志同道合不容易，高山流水需寻觅。

所以，如果你抱怨身边没有志同道合的人，那就出去找，去各种社团参加活动，去各种比赛结识战友，去各种讲座偶遇知音。

那些不合群的人，别觉得自己孤单，不喜欢环境就闪，去找自己喜欢的环境。这四年，你要去体会各种生活，听许多老师的课，读各式各样的书。

你要想宅，毕业后可以使劲宅，这四年，时间太宝贵，要去拼，去爱，去后悔。

不要说我在宿舍里也能好好学习啊。

别天真了，舒适的宿舍，配个空调，来根网线，放点音乐，你再穿个拖鞋，接下来就只能睡觉了。

3. 如果学校不给你设立目标，你就给自己设立目标

大学生活最可怕的就是没有目标，没有短期目标，人走着走着，就迷茫了。

马拉松运动员从来不认为自己跑了40公里，他们都认为自己跑了40个一公里，每一公里，都是一个短期目标。

很多学校，除了期末考试和四六级，几乎不给学生设立目标。后来我也明白了，都大学了，为什么还让学校给你设立目标呢？

人有目标是幸福的，因为当目标被实现时，或阶段性目标

被实现时，是一件非常幸福的事情。

幸福，来源于紧张感的释放。

而追寻目标的紧张感，能让人逐步提升，变成更好的自己。

所以，你要在每次开学时，给自己设立几个目标，比如，这学期我要考过四级、参加普通话测试、考过计算机二级、通过导游证、期末考试都及格……

当目标明确，自己也就多了许多动力了，其他人在做什么，跟自己有关吗？

其实在毕业很久后，你会发现这些证书并没什么作用，不过是你的敲门砖，和你的学历一样。可是，当你在准备这些考试的路上，因为有短期目标，能力会提升。

从学生变成专家再到大师，这一个个小目标，还真的挺有用。

所以，人的一生路很长，笑到最后的，才是最甜的。

无论你在哪里读书，多么不满意自己的学校，多么不喜欢自己的专业。只要你一直在努力，肯放下那杯水去努力。

会有一天，别人不再问你是哪个学校毕业的，因为你已经强大到有更权威的标签贴在自己的身上。这个标签，足够掩盖自己不被人看好的学历和高中三年并不得意的结果。

我们都知道要去追求自己喜欢的生活，可是，如果生活夺走了自己想要的，为什么不用自己的双手搭建一个呢？

你可以在二流的学校，但你要励志成为一流的人才。

把自己变成一个斜杠青年

三脚架最稳，这是谁都知道的事情，如果砍掉一只脚，两只脚的设备就有些晃动了，如果只剩一只脚，架子上的机器就岌岌可危了。

所以，今天想跟各位聊聊斜杠青年养成记，只是为了让我们更好地站立在这个世界上。

2010年，我刚开始当老师，遇到了一位老教师，他跟我讲了一段话让我印象很深：在安全的职业下一定要居安思危，只有居安思危，有了一技之长去寻找另一技之长，这样不停进步，才不会被淘汰。

因为这位老师的这段话，让我变成了现在的"斜杠青年"，只是那个时候，没有"斜杠青年"这个概念。而现在，身边有很多斜杠青年的影子，可是，到底什么才是斜杠青年，比如：

青年导演、编剧、作家是吗？

如果是，那么公务员、专车司机、保姆是吗？

或者，流浪歌手、旅行达人、终身学习者是吗？

1. 到底什么是斜杠青年

我翻了翻资料，找到了斜杠青年的一手信息："斜杠青年"是一个新概念，来源于英文"Slash"，其概念出自《纽约时报》

专栏作家麦瑞克·阿尔伯撰写的书籍《双重职业》。她说，越来越多的年轻人不再满足"专一职业"的生活方式，而是选择能够拥有多重职业和身份的多元生活。而实现的方式之一就是成为完全自由职业者，依靠不同的技能来获得收入。比如有份朝九晚五的工作，而在工作之余会利用才艺优势做一些喜欢的事情，并获得额外的收入。

我想，看到这里，我们有了答案，首先我没有弄明白为什么 slash 一定要翻译成斜杠青年，难道不能翻译成中年、老年吗？其次，我们也弄明白了：依靠不同技能获得收入才是结果，也就是没有收入，不能叫斜杠。

所以，上面三个例子里，前两个是斜杠，而第三个不是，因为那三个所谓的职业都不能获得收入。

2. 斜杠青年的四种方式

我会建议每位朋友都去尝试一下斜杠，原因很简单：因为我们或多或少有一些工作外的时间往往被浪费掉了，可如果这些时间被用好，被打磨成第二职业，效果能十分不同，而在互联网世界里，第二职业往往比第一职业还要赚钱。

所以，分享四种斜杠青年搭配的方式：

（1）稳定的工作＋兴趣爱好

我的朋友法医秦明就是这么一个人，他的主业是政府公职人员，一名优秀的法医，在长期奋斗在工作一线见证无数生死后，忽然想把这些案例写下来，于是他把这些故事纪录在纸上，后来有出版社找到他出书，于是才有了今天红遍大江南北的"法医秦明"。我曾经写过一篇文章《工作后的生活，可能决定了你一生》，聪明的人，一定不会让稳定的工作逼疯了，而是利用稳定的工作保证温饱，而用下班时间打磨兴趣爱好，让它变成自己第二职业。

（2）左右脑的切换

在上周的专栏里，我写过利用时间最好的方式是左右脑的切换，其实斜杠的另一个重要方式就是左右脑的切换。如图：

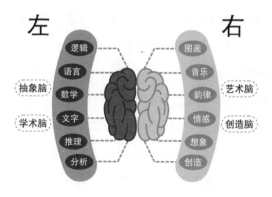

左脑主要负责抽象负责理性，右脑主要负责艺术感性。

所以，我们看到很多人可以搭配的方式，比如和我一起写《回不去的流年》的徐哥，其实不仅是个作曲高手，同时是个作词人，他的词写得像诗，这么看，他的神奇之处不过是利用了左右脑的搭配。同理，你可以是个数学家也可以苦修绘画，你可以是个作者同时用休息时间学习音乐。

（3）大脑和身体的切换

有一次晚上我在签售的时候，头疼欲裂，因为连续两天都是两场活动、四节课、一篇专栏和一个电影剧本，所以第二天晚上，我痛苦地捂着头没法上场。我的助理给我买了止疼药，我看了半天，最终还是没吃。晚上上完课，我找了个最近的健身房狠狠地跑了 5 公里，大汗淋漓后，头疼莫名其妙地好了。我忽然明白：我是用脑过度，而大脑是可以和身体切换的，这样的放松，比睡觉有效多了。

后来，我想起了我的健身教练，他在工作之外还是一个高中化学老师，我终于明白，其实他的斜杠是通过大脑和身体的切换。这样的切换，也是一种斜杠。

（4）输出型的知识 ip

我的另一个好朋友，台湾的作家火星爷爷，他是个标准的斜杠青年，因为他不仅是位畅销书作家，还是 TED 的演讲者，他的视频《跟没有借东西》在全球点击上千万。同时，他还是一位老师，在台湾教孩子们创意，教同学们如何讲出厉害的故事。

我第一次见到火星爷爷的时候很诧异，问他怎么能做这么多事情呢？他笑着说，这不都是输出吗？

的确，当你有了一定的知识储备，你只需要通过不同的方式表达出来就好，说出来就是演讲家，写出来就是作者，拍出来就是导演，其实方式不重要，重要的是你要有知识。这是核心，其他的只是方式。

3. 为什么我会让你要励志成为一位斜杠青年

我从军校退学后，有无数人问我一个问题：我也不喜欢体制内的生活，应该怎么做？是要跳出来吗？钱钟书的《围城》里说：围城很有趣，里面的人想出来，外面的人想进来。可是钱钟书老先生怎么都没有想到，这些围墙被互联网打通了。现在，我们看到越来越多体制内的人开始在体制外发光发彩，我的一个朋友在中央人民广播电台当主持人，现在一边上班，一边在外面办声音教学。

的确，当你不喜欢现在的工作，不用着急打破现在的平衡，去强硬地进入一个新领域，你可以两者兼顾，两者并行，唯一需要的，只是一点点休息时间的牺牲。

当然如果你喜欢现在的工作，也可以将现有技能进行引申。比如我，就是喜欢讲话，然后讲话的方式变成了电影镜头，现在正在努力转型成电影导演。

比如我的好哥们石雷鹏老师，本来是教四六级翻译写作的，一边教写作，一边琢磨怎么教其他的课，现在他已经成了全能，什么都能教，还什么都能教得好。

除了衍生技能，你不觉得斜杠的方式是这个时代最安全的方式吗？这个时代的变化超乎我们每个人的想象，世界上唯一不变的就是改变本身，既然如此，两条腿走路，一定比一条腿走得稳，三条腿的三脚架也一定比两条腿的屏风更稳定，多一条腿走路，其实是最稳定的方式。

4.三条建议

如果决定了要向斜杠发展，我想跟你分享三条建议：

（1）选择斜杠时，要问问自己是否喜欢，问问市场是否需要

喜欢的事情，事半功倍，不喜欢的事情，每分钟都是煎熬。可如果你喜欢打游戏呢，喜欢看韩剧呢？那就把游戏打成竞技水平，把韩剧看成导演角度，当把自己的爱好变成能谋生的方式。所以，在你决定进一个行业时，一定要问问自己内心是否喜欢这样的生活状态。除此之外，你的这项技能会不会是市场需要的技能，如果是，顺着时代的大流，也能借到力。

最重要的是，每做一件事情，要全力以赴，到了尽头再更换，不要干两个月就跑了换其他职业，那种才不是斜杠，那种是诈胡。

（2）成为斜杠时，建议你去收费

其实付费并不是赚多少钱，而是看看有多少人是认同你的这项技能的，毕竟，认同你技能最好的方式就是为你的劳动成果付费。

这些天我开始在微博专栏运行付费，有些人说：我这么爱你，你竟然付费。

我说：别扯淡了，你只是爱免费文字。

他说，不，我爱的就是你，所以你要免费。

我说，那我还爱王石呢，他怎么没给我一套房子啊！

但好在，谢谢能读到这里的同学，你们认为我的文字是值得的，也谢谢你们支持，愿这个专栏对你们有帮助。

跑题了。

反着说，如果你觉得这项技能足够强大了，放到市场去检验一下，如果有人愿意付费支持，就是最好的证明。

（3）斜杠时，建议你去混圈子

外行看热闹，内行懂门道。

我经常会跟很多同学说，不要在最该学习的年纪里混圈子，是因为你以后会有大量的时间去混圈子、维持关系。

被圈子接纳，是一个你进入这个圈子的重要标志。

我分享一个故事，曾经有个新闻说一位老师在一个小时赚了八万多，教育部说，应禁止，新闻放在网上，很多路人被戳到了基点，胡乱评论说老师赚了多少钱应该还是不应该。可是内部圈子大家的评论只有三个字：为什么。

的确，在互联网时代的今天，最牛的老师，是否这个价，圈子里的思考是：我们怎么才能请到这位老师，这个案件给我们的启发是什么？

圈子外只是在想：凭什么。

5. 刚进入一个行业应该怎么办

最后，我们聊聊刚进入一个行业应该做什么事。

科学家曾经做过一个实验：把一只蜜蜂和苍蝇同时放在灯罩里，看谁先飞出来。

答案是苍蝇，因为苍蝇乱飞，总能找到出口，而蜜蜂只会朝着光亮飞，如果光亮对准了出口，它们就飞出去了，可如果光源没有对准出口，它们就一辈子出不来。可是苍蝇不一样，它蒙头乱撞，总能找到出口，这就是我们每个人在刚进入一个行业应该做的事情：做一只苍蝇，蒙头乱撞，总能找到出口。

接下来找到方向后，你就应该学会从苍蝇变成一只蜜蜂，一直拼命飞，努力朝着这个方向飞着。

飞着飞着，就能把自己飞成一个斜杠青年。

普通人如何从新领域实现爆发式成长

刚进入一个领域时，我们往往什么都不知道，像一只没头苍蝇一样，找不到北。

我曾经写过苍蝇和蜜蜂的理论：刚进入一个行业，像苍蝇一样很正常，因为你还不知道光在何方，等到第一年的迷茫期渡过，找到了光，再从苍蝇变成蜜蜂，朝着光亮飞翔。

如果你想转行，如果你想跨界，如果你想换专业，这篇文章，建议你一定要好好读，因为所有的技能，无非就是以下的五种方式：利用读书获取入门知识；利用间隙获得碎片信息；利用课程获得系统理论；拜访前辈获得内部消息；以及持之以恒的训练。

1. 利用读书去获取入门知识

我刚开始创业时，投资人让我学习一点经济学，告诉我，人不能对商业和经济一无所知，要不然很难从一个知识分子转型变成一位创业者。于是，从 2015 年起，我就养成了读经济学书籍的习惯，我买了亚当·斯密的《国富论》，买了曼昆的《经济学原理》，买了马克思的《资本论》，可惜的是，根本看不下去，有些甚至啃得十分痛苦。

于是，我找到一位经济学老师，请他给我列一个书单，他说，要不你先从这些书开始看:《稀缺》《牛奶可乐经济学》《斯坦福极简经济学》《魔鬼经济学》……

刚看到书单,我立刻问老师,这些不都是畅销书吗?

老师笑了笑,畅销书怎么了,你现在什么也不懂,不应该从大众容易接受的知识开始入门吗?

这句话给了我很深刻的启发,后来我每进一个领域,最先去购买这个领域的畅销书去普及知识,然后再买枯燥的课本去补充和纠正。

有时候也会买错,不可能每本书都出得有水平,但一本书的成本也就十多块钱,并不高。

这些书籍,很大程度上帮助了一个刚进领域的小白扫了盲。

我在学习编剧时,也是一样,先在书店里搜索"编剧"两个字,把市面上所有的编剧教材买回来迅速读完,这一步,就能直接完成扫盲的过程,从小兵升级为了一级英雄。

2. 利用间隙时间去获得碎片信息

北大的经济学教授薛兆丰曾经说过,利用间隙时间,也可以系统地学习。

不知道你是否发现,我们生活中有大量的碎片化时间:等公交车时,在地铁上时,堵车时,早起收拾时,无聊会议中……可惜这些时间,往往被我们浪费了。

可是,我发现身边有些高手不一样,他们利用这些间隙时间,选择提高自己，而不是消磨时间。

比如他们在行走的时候，耳朵上挂着耳机，里面是下载好的课；比如他们在等人时，包里一定装本书，在间隙时间翻两页。这些时间积累起来，半年后，往往能帮助你获得另一专长。

我曾经写过《下班后的生活，决定了你的一生》的文章，其实，不仅是下班后，午休时，等人时，公车上，睡觉前，都可以积累一些知识，为以后转型做好准备，而这个动作一旦养成了习惯，坚持下来，受益匪浅。

3. 在互联网上寻找公开课和付费课程

除了读书，更重要的就是上课。你要知道所有的高手们，都有自己的老师，都曾经经历过系统性的训练。

我从军校退学后，一直住在人民大学旁边，当时我找一个人大的朋友要了一张课表，这张课表上是人大四大名嘴的一学期课程。

于是，我每次都偷偷溜进去偷听他们讲课，还提早占位置。有时候去晚了，我就站在最后一排听。

这几位老师分别叫：张鸣、周孝正、徐之明和金正昆。

后来世界变了，这四位老师的课程都可以在网上找到了，而且，还都是高清版，我时常会抽一个下午，在网上搜索这些老师的课程和讲座，拿一张纸，一支笔，享受一场知识盛宴。

直到今天，我时常会感叹，时代越来越好，现在许多课程，都不用亲临现场，可以在网上用很低的价格甚至免费的价格听到，你唯一需要的，就是去搜索，去收集。

4. 找牛人、混圈子得到内部消息

当你有了系统的知识，就可以从事相关的工作了。我的建议是，当你进入一个新领域时，一定要尝试收费，一定要尝试混圈子。

收费代表着客户、外人对你的认可，进入圈子代表内部人士对你的认同。

每次一件所谓的新闻爆炸时，你会惊奇地发现，微博上和朋友圈上的留言趋势完全不同，为什么呢？因为微博只是个公众平台，大家都以外行的眼光看热闹，而朋友圈不一样，都是内行的人，圈内的人从不看热闹，大家只会分析现象，学习本质。

我自己有好几个圈子，有一个圈子就是互联网营销圈，这个圈子的朋友大多都是微信大号，百万级别的公号博主，每次一个事情爆发时，我就看到群里大家在讨论：这个话题怎么火起来的，我们怎么把商业和这个现象结合，我们应该如何蹭这个热点……

而微博上呢，大家只是在谴责，说那人道德品质败坏……

所以，当你进入一个新领域时，一定要混圈子，圈子代表着你在这个领域的资深程度，也代表你看世界的不同角度。

美国商业哲学家 Jim Rohn 说过：与你交往最亲密的 5 个朋

友，你的财富、智慧就是他们的平均值。

这就是著名的"密友五次理论"。

因为他们的信息、他们的能力、他们的行动，都会感染你，让你在这个圈子里少走很多弯路。

5. 持之以恒的练习和训练

最后，我还是要励志地说一句话：不要总是抱怨"听了这么多道理，还是过不好这一生"，你一定要记得，所有的道理，在不去做的前提下，都只是无用的"鸡汤"。

就好比你听了好多课，不去做真题，就是不能过考试；你听了很多教练的话，就是不锻炼，到头来还是个胖子；你听了很多方法，都不迈出第一步，久而久之，梦想，不过只是梦和想而已。

所以，加油吧！

用一年的时间，成为一个牛人

1.

一年能不能彻底地改变一个人？这个问题，许多人问过我，我也问过很多人。

答案是可以的，而且，一年可以很舒服地彻彻底底地改变一个人。

2015 年年底，我认识了一个演员，几次工作受挫，她决定闭关苦练英文口语。闭关前，她问我，如果自己每天都学英语，坚持三个月能不能学好？

我说不能，时间太短。

她问我半年呢？我有些犹豫地点点头。

她继续问，如果一年呢？

我使劲地点点头，然后又摇摇头。

她问，怎么了。

我说，一年的坚持肯定可以让你变成一个英语口语高手，但许多人都在半途放弃了。

她笑了笑，说：你太小看我了。

2016 年末，我再次见到了她，她依旧接着一些不痛不痒的戏，演着不温不火的角色，重要的是，她的英语依旧没有提高，除了几句简单的打招呼，其他还是一窍不通。

于是，我问她为什么没坚持下来。

她有些不好意思说，一年时间太长，中途总有些事情打断了我计划好的坚持，所以，有没有短一点见效的方式？

她认为的捷径，让我想起了自己在健身房跟教练的对话，我问教练：能不能快点减 20 斤？

教练说：我跟你这么分析吧。如果你想一年减 20 斤，你就需要每天跑 3 公里；如果你想半年减 20 斤，就需要每天跑 5 公里；如果你想要三个月减 20 斤，你就需要每天跑 5 公里然后坚持不吃晚饭；如果你想要一个月减 20 斤，你一天就只能吃一顿了，跑步就必须从原来的 5 公里增加到 10 公里以上；那如果你想要一天就减 20 斤，就只能做手术了。

教练还补充一句话：做手术的风险很大，往往会有后遗症，所以，除了坚持运动之外，并没有什么好方法。

的确，坚持在时间的推动下，会有惊人的力量，这种力量能潜移默化地改变人。

2.

所以一年能不能彻底地改变一个人呢？答案是能，不过你需要的是坚持。

其实坚持最难的地方，是要学会聪明地放弃一些东西。

如果你要坚持锻炼减肥，就要放弃临时忽然被约的饭局；如果你要坚持每天学英语，就要放弃忽然爆红的网剧。

你不可能一边吃着大鱼大肉一边减肥，更不可能一边沉迷在偶像剧中一边背着单词。

这些放弃，往往意味着更换另一种生活状态，并且养成习惯。

习惯一旦养成，坚持就变得容易了很多。

到底怎么样才能坚持下来，人为什么会这么容易放弃，是自己意志力不够强大吗？是天生就不适合坚持吗？

不是，人的基因就是被设计成懒惰的、容易放弃的。的确，我们都在年初的时候满怀激动地许下宏伟壮丽的目标，却在年终的时候无奈地摇摇头，然后自己责怪自己：坚持太难了。

坚持难吗？

难。

可是为什么有人可以坚持下来呢？

不是他们的意志力有多强，而是他们养成了习惯。

我在 2014 年的年初，决定在今年读够至少 50 本书，于是我在决定当天就买了 20 本书，放在最明显的地方，每天不看就觉得买了好可惜，于是就决定每天用闲暇时间读一点，我把每天晚上十点到睡前的时间挤出来看书做笔记，那段时间一定关掉手机，安静地阅读。

我先坚持了一周，一周后，好几次想打开电脑或手机跟人聊聊天，出门看看电影，吃点大排档，但我都忍住了。又坚持了第二个星期，十四天后，我开始养成了习惯。接着，每天如果不在这个时候读书就总觉得少了点什么，它成了我生活的一部分。

坚持就是这样，前几天难受，一旦成了习惯，就变成了下意识，不会总是鼓励自己要坚持，自然就能简单很多。

所以，用一年的时间，去不间断地做一件事情，去磨炼一项技能，提升自己的能力，然后让这项技能如影随形地带你去更高的平台。

3.

过去的一年里，我见到了许多有趣的案例，一个朋友每天坚持写作，然后出了一本书；一个朋友每天早读，结果托福考了 110 分；一个朋友坚持健身，年底秀出了八块腹肌的照片。

他们并不比我们聪明，他们只是敢在生活中做减法。

那个每天写作的朋友，就算是在聚会时也带着电脑，无趣地写着一些东西；那个考托福的同学，成天蓬头垢面，几乎半年没有买一件新衣服；那个健身的朋友自从决定坚持后，就再也没在晚上和我们喝过酒吃过夜宵。

有人说，这世界的美好都来源于坚持，坚持一天容易，坚持一周也不难，难的是坚持一年。

其实不是，人毕竟是有惯性的，坚持个十几天，自然就养成了习惯，剩下的，交给时间就好。

那为什么你听了这么多道理，还过不好这一生呢？

因为你只是听，那些人，他们在做，而且已经开始坚持了。

所以，要不要从今天起开始决定坚持一点什么，写点能看到的小目标，养成好习惯，一年后，当你再看到这篇文章，会有什么感触呢？

合理使用时间，你的效率会事半功倍

几年前，我认识了一位大神，他的起点不高：从山西的一个小县城考到北京，又拿了全额奖学金去了美国学计算机，几年后，留在了硅谷，成了谷歌的一名知名的程序员。和他聊天时，有一段对话让我印象很深刻：

我问他：你觉得世界是公平的吗？

他说：从出身看，不公平；但从时间看，每个人都是公平的。

他看我迷惑，于是补充了一句：因为，每个人都只有 24 个小时。

这句话给了我很深刻的启发，因为后来我发现，失败者的原因迥异，但成功者都有一个共性：他们极度珍视时间，他们的生活，井井有条，甚至有些人的一天，以秒度过。

所以今天，让我来跟各位分享六条关于时间管理的秘密吧。

1. 高手会利用鸡肋时间，但不让碎片时间占据自己

有一次我和一个做自媒体的朋友一起出差，值机前只有半个小时，我无聊地刷着手机，他却掏出电脑，在众目睽睽下开始写稿。这已经不是我第一次看到他这么做了，我曾经见到他在地铁里写稿、在火车站列提纲、等餐时码字、等人时动笔……他现在已经是一个百万公号的博主，曾经有人问过他用什么时

间写稿，他说了四个字：鸡肋时间。

在互联网时代里，我们的时间被工作、学习、生活冲击得支离破碎，但我们吃惊地发现了一个事实：会利用时间的高手，都在合理地使用鸡肋时间。

我曾经见过一个学生把单词抄在纸条上，走路的时候背，课间的时候读；我还见过一个学生把代码写在手背上，一无聊的时候，就拿出一张纸对着那行代码开始改编；我还有个学生，家离公司非常远，他每次下班，耳朵里都放着一门历史课的音频，一边听一边思考，一年后，他出了自己第一本书，是一本历史杂文集。

这些人最后都因为利用好了鸡肋时间成了出众的人，因为他们熟知，这些时间的积累，不再是鸡肋，而会是改变命运的阶梯。

但是，请一定要记得，你要学会使用鸡肋时间，但永远不要让这些碎片时间占据你。不管你是否承认，手机和碎片信息正在逐渐让我们成为一个笨蛋。思考几个问题：

（1）你有多久没有不开小差地看完一本书了？

（2）你有多久没看手机听完一节课了？

（3）你有多久没有坐下来安静地看完一部电影了？

是不是都中了？心理学有一个概念叫"心流"，心流是人们全身心投入某事的一种心理状态。

而我们的心流却越来越短，我们变得越来越无法集中做事，不是我们越来越笨，而是因为我们时刻被碎片时间控制着，每过几分钟就想看看手机，就想刷刷朋友圈，或者玩玩游戏。

而我们忘了，心流是可以被练习的，长时间的专注，会让你成为一个更专注的人。想要更好地训练心流，就一定要控制自己的时间，而不要被碎片时间左右，这就涉及如何计划自己的时间了。

2. 划分第二天的任务，给生活埋彩蛋

珍惜生命的人一定会规划自己的时间，尤其是当生命开始走向尽头时，电影《遗愿清单》里两个老头当知道自己要离开世界的消息，终于在纸上开始计划起了自己的目标。

只有学会规划并且实施，才不会让自己的日子过得漫无目的。

我曾经在我的学生群体中做过一个实验，问了 100 位同学是否能记得上个星期这个时候自己做了什么，有 79 位同学不记得了，有 11 位同学记得一些片段，只有 10 位同学清晰地记得自己一周前做过什么。

后来有个同学问我，老师，你记得一周前自己做的事情吗？

我笑着拿出一个本子，打开上周的计划表，说，记得。

几年前，我养成了一个好的习惯，每天晚上把第二天的事情分为：不得不做的、喜欢做的、可做可不做的。然后按照这样的顺序，先做不得不做的，接着做自己喜欢做的，最后做可

做可不做的。

我这么坚持了一年，时间确实被充分利用了，但忙碌却占据了我生活所有的空间，我每天都在工作中度过，在焦虑中结束，每天十分疲倦。

后来，我决定不要给自己安排得这么满，每周都要有三天的晚上打死不安排事情，而是去见一个没见过的人，去吃一顿没吃过的麻辣烫，去看一场不怎么火的电影，去读一本不怎么畅销的书。

我开始给生活埋彩蛋，不要小瞧这些彩蛋，所谓幸福，无非是：有人爱，有事做，有所期待。彩蛋，就是每周的期待，这些期待，能提高许多生活的质量。

所以，在 2015 年，我开始了严格的时间规划，那一年，我不仅成为优秀教师，还变成了一名电影导演，那一年我还瘦了十斤，认识了许多有趣的人。

总有人问我那个问题：你不休息吗？

是啊，我真的不休息吗？

3. 最好的休息，不是睡觉，而是左右脑的切换

最好的休息，从来就不是睡觉。

我们都有过睡了十多个小时依旧十分劳累的感觉，是因为正确的休息，是通过切换大脑的方式进行调整。

1981 年，美国心理生物学家斯佩里博士通过著名的割裂脑

实验，证实了大脑不对称性的"左右脑分工理论"，因此荣获 1981 年诺贝尔生理学和医学奖。正常人的大脑有两个半球，由胼胝体连接沟通，构成一个完整的统一体。大脑两半球在机能上有分工，左半球感受并控制右边的身体，右半球感受并控制左边的身体。

总的来说：左脑负责理性，右脑负责感性。

开始规划时间的那一年，我上完课就回到家打开电脑创作，一天的重复而劳累的上课后，大脑的创作部分被完全激活。当两边大脑都完全累到不行后，我就跑到楼下的操场一圈圈地锻炼，在那个雾霾还不是很重的北京，这样的调节方式不仅不让我觉得累，更让我开始觉得生活变得更加有正能量。

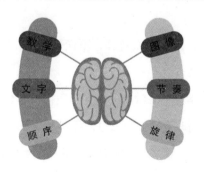

后来我开始明白，最好的休息，无非是学会调节，学会平衡，学会大脑的左右切换。最年轻的日子里，少睡一会儿真的没什么了不起，跑着的人永远觉得世界是动着的，而睡着的人，永远是懒洋洋地面对这个世界。

4. 放弃无用的社交，避免无效的争论

在一次课上，一个学生问我：老师，当被别人误解，怎么优雅地把别人怼回去。我的回答是这样的：不要解释，不要争吵，因为我们是人类，却不是一类人，要学会放弃无用的社交、避免无效的争论，我们在这两个事情上已经浪费了太多的时间了。

我生平很反感和别人吵架，因为我知道观念不同是因为每个人的出发点不一样，因为观念不同，所以世界才多彩，而说服一个人，需要太多时间，有时还不被讨好。

当被别人误解，聪明的方法是不辩解，默默地做好自己该做的事情就好。当然，如果误解你的人是你最亲的人，花些时间不让他们伤心还是有必要的，或者误解你的是法院，你是一定要解释的。

懂你的人，你不必太解释，不懂你的人，解释像是掩饰，没必要。

我们都要学会不去辩解，毕竟，我们没有责任和义务去花自己宝贵的时间改变别人的思想，替别人操心。

我曾经写过一篇文章《放弃无用的社交》，里面有一个观点：只有等价的交换，才能有等价的友情。在我们变得优秀之前，所有的社交都是无效的社交，你加了别人的微信，充其量也只是点赞之交，没有办法变成自己的人脉。

毕竟，人脉不是自己认识多少人，而是多少人认识你。

在此之前，让我们先努力用好时间，变成更好的自己吧。

5. 不经反思的人生，不值得一过

有一本书叫《奇特的一生》，56 年间，主人公柳比歇夫不间断地每日对自己做各项事的时间进行了分类统计，并进行分析：每天一小结，每月一大结，年终一总结。他的这种方法，被称为柳比歇夫时间管理法。柳比歇夫曾说：人最宝贵的是生命。但是仔细分析一下这个生命，可以说最宝贵的是时间。因为生命是由时间构成的，是一小时一小时、一分钟一分钟积累起来的。

苏格拉底说：不经反思的人生，不值得一过。

总结和反思是人类最重要的心理进步活动之一，每天晚上躺在床上时，你是否有思考过，今天一天，哪里安排得不好，哪里计划得周到。

在一周、一个月结束后，你是否总结过去的一段时间的优点缺点，然后在以后的时间去调整自己计划，去更好地利用时间。

每天进步的一点点，才是成功的开始。

《论语》说："曾子曰：'吾日三省吾身；为人谋而不忠乎？与朋友交而不信乎？传不习乎？'"翻成白话是这样："我每天必定用三件事反省自己：替人谋事有没有不尽心尽力的地方？与朋友交往是不是有不诚信之处？师长的传授有没有复习？"

这样有反思的生活，每天都是正能量。

6. 独处、平静的努力

人越是长大，越没有独处的时间，但只有独处的时间，才

能让人有精力去反思，这世界上所有伟大的事情，都是一个人的时候想出的灵感。

无论多忙，别忘了留一些时间给自己，无论多嗨，都要记得给自己一些空间，去向内思考一下自己要什么，去想想自己还有没有什么能做到更好，去问问自己有没有忽略身边人的感受。

最后，想跟各位分享一句很重要的话：只有耐住寂寞，时刻反思，每天进步，才享受得了繁华。

关于精力分配的几个秘密

不知道你身边有没有这样的人,每天跟打了鸡血一样活跃在各个场合,他们努力学习、积极工作、热血生活,还谈了个恋爱;相反,你有没有过什么事情都不想做,就想安静地当个美男子,走到镜子面前一看自己还不美的经历呢?

我想答案一定都有。

有人感叹年纪大了,真的吗?

在同一所大学,同一个年级,甚至同一个宿舍,我们总看到完全不一样的两种人:一种人每天起床早读,努力学习积极锻炼,而另一种人每天坐在电脑边上,要不就是躺在床上,蓬头垢面地四脚朝天。

有人感叹自己状态不好,却不知道什么才是状态好,什么时候才是状态差。

我们不能理解为什么同样是二十四个小时,有些人却做了许多事情,依旧充满着活力,而有些人什么都没做,却依旧十分憔悴。

所以,比时间管理更重要的,是精力管理。

Jim Loehr 和 Tony Schwarz 的《精力管理》一书里有一个观点:人的精力是有限的,通过有效的精力管理,形成一个如同钟摆的循环,使用、恢复、再使用、再恢复,建立一个有效的不断补充和使用精力的正向循环，我们就能跑得更快和更远。

我来跟各位分享几个精力分配的小秘密吧。

1. 精力管理的四个原则

我们通常认为，精力是一种生理的能力，其实精力的概念十分复杂。《精力管理》这本书中指出，精力分为四个部分：体力、情感、思想和意志。这四种精力，从低到高，一个影响着一个。

记得一位编剧曾经跟我说：中国电影有一段时间的套路就是：只要是坏人，最终都因为身体不好而死去，而且这些坏人的脾气都十分暴躁。然后他沉默了一会儿说，现在好像好人身体不好也会脾气暴躁，所以这就是人，好人会做坏事，坏人也会做好事，身体不好的人，脾气很难好，比如我的女朋友每次来大姨妈的时候……

他说的这段话实在是很应景，因为当一个人体力不好时，情感上往往不会太正面。

同理，我们也遇到过很多刚分手的孩子，对工作三心二意，对朋友冷言冷语，对家人漠不关心，是因为情感对思想也有着很深刻的影响。

当然，一个人长期思想低迷，意志力自然就不会高到什么地方去。

意志力其实就是对事务的意义感。

我想起一年前，我的精力状态十分差，每天上课长达十个小时让我根本找不到工作的意义。后来领导看出我状态不好，发胖得很厉害，于是给我放了两个月的假，还给我涨了一级工资。可是我后来回到公司，就办理了辞职，因为一个没有意义的工作会让人丧失精力。后来我成了电影导演和畅销书作家后，还偶尔在考虫网上四六级课，学生开玩笑地在课堂上说：龙哥是一个被四六级听力耽误的青年作家。

但自从那时起，我的精力好了很多。

所以，当我们明白，所谓精力，无非就是体力、情感、思想和意志四样东西的组成，我们也明白了从低到高，互相影响，接下来，就让我们对症下药。

2. 保持住精力的方式

（1）通过锻炼和睡眠保持体力

体力是精力的最底层，如果体力有问题，精力永远不可能好。

汉朝的霍去病和三国时期的诸葛亮，都空有一身才能，却因为身体状况不好，最终空有一腔热情却无力施展。

提升精力主要通过充足的睡眠和有规律的锻炼慢慢养成。

我的健身教练每天都跟打鸡血似的给我上课，我问他是不是每天都恋爱呢，他笑着说了六个字：少吃多动多睡。

其实，每天七个小时的有效睡眠以及半个小时的午睡，就能保持住体力优势。

再加上每周三到四次的锻炼和有氧，身体很快就能变得结实，精神也能好很多。

但午睡和睡觉都不能过分，过分的睡觉，只会让自己挫败感十足，精力反而大打折扣。

（2）通过冥思、独处和听音乐提高情感精力

我在每次演讲前，都会找个没人的角落闭上眼睛然后深吸一口气，有时候十秒钟，就能很快地安静下来想清楚自己要讲的话。

后来发现，冥思和独处，能让人很快地变得安静和安心。其实这个时代的戾气很重，动不动就看到有人在网上因为一件事情自己不理解或者没有顺从自己的意思就暴怒，其实当你闭上眼睛开始冥思、独处开始反思的时候，很多不愉快的感情都会消失，换来的是安静和平和。

另一种方式，是听音乐，有一句话是：常听五月天，必成好青年。好的歌曲，快的旋律，能让人心旷神怡，心情舒畅，就算是情歌，也能让你在痛苦中大哭一场，你要知道，哭出来，总比憋着好受太多。

3. 通过切换思维来放松思维

我在之前的文章中提到过左右脑的切换，其实就是精力的分配方式，左脑和右脑分别负责的是感性和理性的部分。

切换的恰当使用，能让精力分配更加高效。

比如，当你做数学题做累时，可以去看看画展；当你背单

词背疲时，可以听听音乐。除此之外，从脑力活动切换到体力活动，从一个人独处切换到一群人讨论，都是维持精力的较好方式。

4. 给工作和生活赋予意义

赚钱在一定程度上能提高人的幸福，但没有意义的工作和生活，无论赚多少钱，都会让人垂头丧气。

2016 年年底，知识 IP 这个概念开始爆红，许多所谓大型的知识 IP 开了一堆奇怪的课开始赚钱，也有许多人都建议我赶紧开课，说:标价标高点，说过了这个红利就再没有机会赚钱了。

几天的纠结，我和团队商量后，终于还是决定不进这个浑水，原因很简单:那时赚钱不是我们想要的。

相反，我们开始筹备了我们自己的电影《回不去的流年》，在许多人都反对，许多人告诉我们现在电影不赚钱时，我们依旧做了，直到今天，这部电影的拍摄经历，成了我永久的记忆，也成了我们兄弟几个最好的作品。

当生活和工作被赋予了意义，我们忽然发现即使没钱，即使疲倦，精力也会变得无限。

5. 如何提高自己的精力

最后，让我来为你分享几个提高精力的方式吧!

（1）尽可能地练习专注

我们之前讲过"心流"的概念，这个时代的人，由于被碎片化的信息占据，因此无法长时间地集中精力，所以，慢慢地开始失去了专注的能力。但这世界上所有的美好，都来源于专注，所以，要尽量在学习时远离手机，读书时远离人群，思考时避免被干扰。心流可以被训练，而且，所有的专注，在长时间的训练后，都会带来更好的精力。

（2）和正能量的人在一起

和正能量的人在一起，人不仅会心情愉快，还会有更多的可能性。直到今天，我团队的所有人都有一个特点：不抱怨，不指责，做任何事情尽全力，若成就庆祝，若败不抱怨。正能量是会传染的，同理，负能量也会感染彼此。我们都很难控制别人的情绪，但我能选择自己的朋友圈以及控制自己的感情。

（3）降低损耗

我们在切换做不同事情时，总伴随着能量和精力损耗。

比如你在刚学习结束去健身房的路上，路上的堵车就会消耗你的精力；比如你在下了课去图书馆时，路上的行程就会损耗你的精力；比如你在几件工作切换时思维的转换，就是精力损耗。

所以，学会降低精力损耗，你就要会安排自己的时间，规划、划分自己的任务。

比如你可以把写作和读书任务统一放在夜晚的某两个小时，

比如你可以找一个离你家十分近的健身房，比如你可以把一个下午都安排见不同的人，这样从某种情况下，减少了精力损耗，提升了你的心流和专注力。

最后，希望你每天的二十四小时，都打着鸡血飞奔起来吧！

大学不迷茫

04

别在最该学习
的时光里赚钱

读书的意义

微博后台经常有人问我一个诡异的问题：有没有一本书，能够解决所有的问题。

每次遇到这样的人，我都会深深地被刺激到，就好像一个病入膏肓的人问我：有没有大力丸，根治我所有的病。

其实有，这本书的名字叫《新华字典》，按照白岩松老师的话说：新华字典里面有各种字，各种字组成不同的词，词组成不同的段落和故事、组成不同的书。不同的书，才能改变命运。

其实书不能改变命运，因为书里的知识变成行动，才能改变命运。

这篇文章，我跟你好好分享一下，该怎么读书，读什么书，以及为什么要读书。

1. 为什么要读书？

不知道你是否发现，世界正在惩罚不读书的人。

我曾经说过：读书可以使人富裕，但不会让人有钱。想要有钱，就要去做生意，去把技能变现，去赚钱。

但为什么这么穷还要读书呢？是因为读书能让你知道，这世界上除了有钱的生活姿态，还有更多不一样的选择。

《死亡诗社》里说：医药、法律、商业、工程，这些都是高贵的理想，并且是维生的必需条件。但是诗、美、浪漫、爱，这些才是我们生存的原因。

这就是读书的意义。

何况，谁告诉你，读书一定不能赚钱呢？

2016年，中国的知识开始变现，全世界只有中国开始进入知识变现的浪潮。

我身边许多人，长期处在"读书无用"的舆论和熏陶下，可是，当2016年知识开始变现，课程和内容开始值钱，身边许多人一夜之间，因为长期读书，知识储备多，仅仅通过一门课开始变得财务自由。

我曾经问《好好学习》的作者成甲，你当时想过今天吗？

他笑着跟我讲了个故事，他说：我当时读书的时候，我老婆总问我，你读书有用吗？还不如多去接几个单子赚钱？可是现在，她也不说了。

的确，他凭借着自己的知识，在很多平台开课，无数人围观，现在早已经财富自由。

可是，几年前，他能想象有今天的生活吗？谁能想象呢？

我们读书时都多多少少听过一句话：又看鸡汤？读历史，你读得懂吗？你读这些有用吗？

我们总喜欢去强调有用，其实潜台词是在说，这东西能不能换成钱。可是，生活中不仅要有用，还要有趣，还要有品，还要有梦。

不能总是问什么事情有没有用，其实活着就是会死，那么活着有用吗？

读书无用论害了很多人，它还会害一大批人，这个时代，越早觉醒，越容易脱离固有阶级。

其实这个世界的变化很快，不久的将来，我们不仅仅会被同行的高手替代，还会被机器、人工智能替代，所以，只有终生学习，广泛读书，拥抱可能，不断进步，才能不被淘汰。

这些年，我每天都有阅读几个小时的习惯，哪怕今天特别累，哪怕心情十分不好，但只有这几个小时，我能脱离复杂世俗的世界，沉浸在书的海洋，听到自己的声音。

只有这几个小时，我才充分地感觉到，自己是存在着的。

2. 应该去读什么书呢？

我在上大学前，老师时常上课没收周围同学的书，说这是"闲书"，有一次一位同学被没收的是莫言的《丰乳肥臀》，当时大家都以为他看的是黄书，直到几年后，我看完了这本"黄书"，才知道那时的大家是无知的。

什么是闲书？怎么界定？无从考证。

但那个时候，老师为了让更多人把时间用在高考上，这么做无可厚非，可是现在，你走入大学，走进社会，开始慢慢地明白，没人能够限制你的阅读了，可是没人限制，反而不读了。

我上大学的时候，身边的一位兄弟在读《罗马帝国衰亡史》，我曾问过他，你读这个干吗，有用吗？

后来有一次一位来自意大利的老师来学校访问，我们一起陪同，他很高兴地跟对方聊到了这段历史，老师很喜欢，还给了他一次去意大利访问的机会，而我像个傻子一样，呆呆地听着，然后加了别人的微信，点了几个赞。

那时想起了一段古话：书到用时方恨少。

我们永远无法预测哪本书有用，唯一能做的，就是多准备，广阅读。

我另一个同学上高中时喜欢《庄子》，下课就抽时间读，大家总嘲笑他"装子"，后来有次他找工作时看到老板桌子上放着一本《庄子》，他就开始侃侃而谈，聊自己的看法，结果把老板聊嗨了，最后给了他一个工作。

这个故事很励志，接下来就有很多人开始读庄子，可是，万一以后老板不喜欢庄子呢，喜欢孔子呢，喜欢老子呢？

所以，在最年轻的日子里，永远不要找人去列什么书单，因为书单这玩意，只适合他自己，也更别相信谁谁谁给大学生的一百本书这样的文章，那样的文章和书单可以当参考，但不要当圣经。

你的生活里应该广泛阅读，只有广泛阅读，才能找到属于自己的书单。

如果你一定要我推荐，我会这么跟你说：

读读心理学吧，因为那是人和人的关联。

读读法律吧，因为那是人和制度的关联。

读读经济学吧，因为那是人和财务的关联。

读读哲学吧，因为那是人和自己的关联。

读读文学吧，这是人和另一个世界的关联。

读读宗教吧，因为那是人和生命的关联。

……

因为关联，你才是一个更全面的人，更有内涵的人。

3.应该怎么读书？

我先说两个误区，看你有没有入坑：

（1）书要一页页地读，从第一页读到最后一页。

（2）书要从第一页读，而且要读完。

我相信你都入坑了，可是，这么读书正确吗？我想说，如果你读的是小说或者是诗篇,这么读是对的,小说就应该读的慢，要欣赏，要细致，要品味，要一页页的读。

可是如果是工具书，这么读，就大错特错。

读工具书的方法，首先应该合着书，静静思考一件事：这本书，能给我带来什么？

读书是一个自己跟作者过招的过程，作者对一个内容有着更系统的看法，而你的看法是什么呢，你需要对比，需要思考，需要琢磨，然后有了自己的看法和疑问后，再打开书，这样的阅读，事半功倍。

那么接下来，从第一页开始读吗？当然不是。

最先，应该看看封面、序言和目录，然后从你觉得最重要和你最需要的部分打开，这样带着目的看，效果是最好的，也最能走进内心。

接下来，想必你已经在最短的时间里，大致知道这本书在讲什么了，然后，根据自己的方式和需要，选择重要的段落一点点的读，或者选择性的跳跃。这个过程很痛苦，但一定有收获。

现在，我想你知道，那些一年读几百本书的人，是怎么读书了的吧。他们没有一个字一个字地读，也没有一页页地看，而是清楚地知道，自己要什么，自然就读得很快了。

很多人以为，读得很快会不会没效率，我想告诉你的是，读得很慢，才没效率，我们都有过一本书读三十天，读到前面忘掉后面的经历，这样的读书，本身就是无效的。

好的作品，就是一个下午从头到尾地不间断地读完一大半，比如《活着》，比如《我不是潘金莲》，你都可以找个咖啡厅，一个安静的角落，很快地看完，而你也不会觉得自己注意力不集中，相反，你一天看一点，看了一个月，才是无效的阅读。

最后，读一本书一定不要超过7天，读完后，要去做笔记，第二遍去读笔记部分，要记得，只有第二遍阅读，才是真正有效的阅读。

4. 读书后续的工作

读完第一遍后，想必你的书上已经堆满了笔记，接下来，你一定要准备第二次阅读，第二次阅读往往比第一次阅读更有用处。

其实，在不同年龄读同一本书，甚至同一篇文章，感受都远远不同。

比如我们小时候读鲁迅，都只知道去背诵，去理解第三段第二行为什么鲁迅说这句话，可是，现在再读鲁迅，我们开始明白：每个时代都有人血馒头，祥林嫂招人烦，阿Q存在于世界的每个角落，孔乙己的悲哀是每个年代的写照，而每个年代，都有自己不认识的闰土和回不去的故乡。

读完书后，我一定建议你写读书笔记，哪怕只有几行字，发在朋友圈，或者放在微博里，这样做的原因，是看看你到底吸收了多少知识，能写出多少话，以及对自己的状态有多少改变和帮助。

这就是读书的好处，一两本你很难看出人的区别，当书读多了，开始活学活用了，开始融化在血液了，精进成行动了，书也就起作用了。

爱因斯坦说过：当你把学校给你的所有东西都忘记以后，剩下的就是教育。读书也是一样，当你读完一本书，抛去忘记的所有，剩下能改变行动的，就是知识的力量。

我想，这就是读书的全部意义。

别在最该学习的时光里赚钱

从一个故事开始讲吧。

我的一个师妹，高考分数很不错，考进了人民大学经济系。人大的经济系——无数学经济的学子们梦寐以求的地方，她考上了。

大一那年，她嫌自己穷，又不想找爸妈要钱，于是找到我，说让我给介绍一个能赚钱的活。

我说，你想要什么活？你能教四六级吗？我能给你找培训机构让你兼职。

她笑了笑说，龙哥，我还没考过四六级呢！

我问，那你能教什么？

她说，我能教高中以下的，毕竟我高考分数在那里摆着，就是没资源，你赶紧给我想想办法。

我找了一家专门做 K12 教育的培训机构，对方看了她的简历，同意她入职，入职前，我打听到她高中自费出过国，家庭背景不差，和一般人一样，不穷不富，所以我不太理解她为什么要赚钱。后来她跟我说，就是想赚点外快。

我点点头，看着她入职，第一个月，她通过接课、修改讲义赚了三千多，几个月后，她请我吃饭，饭桌上，她开开心地告诉我：这钱可都是自己赚来的，都不是父母给的，而且因为她这半年课上的不错，领导准备给她涨工资。

我深知备课不易，两个小时的课背后至少付出十个小时的努力，我问她，那你还有时间学习吗？

她说，那些不重要，你看我们同学，有多少像我这样能自给自足的？

我继续问，那以后当个老师这样的生活是你想要的吗？

她说，当然不是，我是学经济的，以后一定会去投行或者做投资，这才是我想要的。

我说，那你钱赚的差不多就行了，该辞职就辞职，别恋战。毕竟这不是你想要，别花太多时间在这上面。

她点头。

后来，我发现我说的这句话没用，因为领导很快给她涨了工资，在金钱的诱惑下，她继续兼职赚钱，一兼职，就兼职了三年。

每天，她大多数时间全部在工作，只花费少部分时间在课堂上和图书馆里，慢慢地，输出时间占据了她大部分生活，输入的时间寥寥无几。到了大三下学期，她一个月已经能赚到五千多。可是，虽然如此，但她在最该学习的时间里，选择了赚钱，每天看似忙碌劳累的生活，最后却毁了自己。

毕业那年，她的同学都去了香港、美国、澳门，去了跟经济有关的五百强企业实习，她告诉我，没有公司要她。

我问，为什么？

她说，她们都有一些证书和经历，而我没有。

我说，你为什么没有？

她挠挠头，好像不好意思讲原因，或者想告诉我这还不够明显吗？然后，她胆怯地说，现在准备还来得及吗……

那几年，同学们都在疯狂地学习，使劲儿地泡图书馆，能考的证书，拼了命也要准备，而她，早出晚归，虽然赚了很多钱，却在大学四年连最基本的四六级都没有参加。

看似努力地生活，却毁掉了大学四年。

后来她没有在毕业后进入梦寐以求的投行，只是继续在她大学四年一直兼职的地方办了全职，我以为这就是她想要的生活，后来我遇到了她几次，她想让我帮她找个其他的单位，可是她该考的证书都没考，我很难帮上忙。每次见到她都挺难过，她抱怨说自己把路走窄了。

她不敢参加同学聚会，因为本来她在大学四年是最富裕的，现在她的同学，动不动就年薪百万地出现在她面前，而她，却只能默默地承受着在该学习时赚钱的后果，后来我经常听到她说：不应该在最应该学习的年龄里选择赚钱，毕竟，如果自己不考研，大学四年应该是自己吸收知识最密集的四年，而钱，你有接下来的一辈子时间去赚，可是，毕业后你学到的知识，决定了你赚钱的起点，决定了你进步的速度，决定了你怎么去看这个世界。

几年前，我写了一篇文章《以赚钱为目的的兼职，是最愚蠢的投资》，在网上收到了很多反对声音，有人说，你忘记考虑了有一些家庭贫困者连饭都吃不饱的情况，他们需要赚钱，需要兼职。

我想说，第一，如果家里贫穷，就更应该好好学习，获得奖学金，拿到助学金，甚至现在有很多 app 是专门给穷困学生贷款的，就是为了让你在该学习的年纪里不要以赚钱为目的去兼职。许多贫穷，不是靠你做点苦力就能挽回的，这需要长期的学习，大量的阅读，长久的思考。

思维改变活路，读书增值账户。

第二，大多数人所谓的贫穷，无非是不能买新衣服，不能换新手机，如果只是因为同学买了你就要攀比，大可不必。每一件新衣服都会贬值，每一款新手机都会过时，投资知识不会，投资自己不会，这些只会让自己增值。

那你要问，难道兼职就不对了吗？

你看你又极端了，以赚钱为目的的兼职，不对。

大学四年，尤其是寒暑假，一定要兼职，而且一定要找实习。实习单位可以不给你钱，但一定要做到两点：1. 能学到东西；2. 给你发实习报告。

我表弟学影视编剧专业，在寒暑假的时候帮别人发传单，回到家很累，我有一次去看他，他告诉我这些想让我表扬他。

我问他，你告诉我，发传单你能学到什么？是不是是个人都能发，那你读大学干吗呢？选专业干吗呢？

他被问住了，然后又怕丢面子，于是嘀咕了一句：可以锻炼我的臂力。

第二天他辞职了，几天后又去肯德基端盘子，我问他，这个又能锻炼你的臂力是吧。

他很生气地问我，那你告诉我，这个也不能干，那个也不能干，我应该找什么实习嘛！

我说，你学电影，就应该找个剧组，找个电影公司，给他们投简历，甚至找关系也要进去。就一个暑假，关键是你要学习一些学校不教的：比如怎么跟人合作，怎么打磨一个好的剧本，制片人和观众喜欢什么题材……

他说，那他们不给钱怎么办？

我瞪了他一眼。

后来他还是去了一个剧组实习，一个暑假，导演竟然让他去片场改剧本，那是剧本创作中最难的一环，因为现场改剧本，最大的问题就是多变，一个演员忽然进来，一个场景忽然不能用了，他跟各种人交谈，听各种人的要求和意见，一个暑假下来，他竟然瘦了好几斤。

我以为他肯定回来要骂我说我摧残他。

结果暑假回来后，他告诉我：哥，真是太爽了，你知道吗，我学的这些东西，学校根本就不教。而且我实习过程发现了自己有很多不懂的地方，后面两年我一定要往这个方向好好努力。

一次实习，他知道了自己要什么，方向更明确了，学到了学校不教的东西，虽然没钱，但前者更重要。

那为什么要实习证明，因为如果你决定出国，就知道这张纸是多么重要了。

所以，实习重要吗?

太重要了。

我们无数学生在上学时盼望放假，放假后盼望上学，这种恶性循环全是因为目标茫然、学习不饱和的状态而产生的。

我记得我大学的寒暑假，有时候只有 20 多天，我依旧要么在网上找个实习机会，要么报个班充充电。

别以为青春依旧，有大把的时间可以快活，其实青春很快，转瞬即逝。

寒暑假，才没有大把的时间荒废呢。

那有人问了，现在不赚钱，看着父母经济压力太大，心疼。

其实,父母不希望你赚多少钱,他们只希望你学好一技之长,将来能自立。只有今后有了更好的出路，更高的起点，更广泛的发展，才是真正的心疼父母。

所以，千万别在最应该学习的年纪里，选择赚钱。

现在拼了命赚钱，以后反而可能会没钱。

现在拼了命输入，以后才有更好的收入。

如何讲好一个故事（一）

故事是点亮人的明灯，也是人生的必需品，因为故事，我们才能活到今天。我们之所以能活到今天，是因为我们相信那些伟大的故事。

《人类简史》里面曾经说：智人之所以能在充满着野兽的环境中活下来，是因为人类有了火和学会了合作，而故事，是让我们学会协同、合作的手段。

接下来，我会结合这世界上的伟大的故事，分享一下如何写好一个故事。

本章分三次写完，希望你一边看，一边做笔记。也希望你用正确的方法去训练，相信不久，你就可以写出自己的故事了。

曾经一个女孩子问过我一个问题,她的左耳失聪,右耳弱听,可是每次讲自己的经历，都没人听，她问我：为什么一件真实的事情从我嘴里出来，却没人相信。

我问，你怎么说的？

她说，我就说事实啊。

我说，你看，这样肯定没人信啊。你有没有试过讲怎么失聪的，发生了什么事情，对你的生命造成的影响，以及你怎么扛过和适应的经历？

她恍然大悟，说，我还真没讲过。

后来我开始明白，每个故事，都需要被很好地讲述，就算是真实的故事，也要用好的方式讲述。所以，在看之前，请你一定要相信：好的故事，一定经过了打磨，一定有血有肉，一定来源于生活，或许高于生活。

1. 生活是最好的编剧

《湄公河》为什么好看？因为是根据真事改编；《沙漠之花》为什么这么震撼？因为直到今天，非洲还有人这么残害女孩；《三傻大闹宝莱坞》中为什么那个自杀的孩子那么戳人心？为什么墙上的"I quit"那么让人想流泪？是因为印度真的有太多孩子因学业压力自杀；《当幸福来敲门》为什么给人无限力量？因为那就是真正的美国梦，从一无所有，奋斗到有所作为。

这些故事之所以成功，是因为他们都是基于真实故事而改编。

生活是最牛逼的编剧，因为你从来不用考虑故事的合理性，而编剧在改编时，也从来不会考虑这么写会不会合理，既然这个故事曾经发生过，就是合理的，而发生过的故事，是最有生命力的。

我们的生命不缺乏故事，只是缺乏一双发现故事的眼睛。

你是否发现，你的爷爷奶奶其实横跨了中国变迁的几十年，你的父母见证了改革开放的几十年，而你，经历了中国开始繁荣富强的十多年，你是否想过，这些时光都能构成无数个故事，这些故事，当被挖出来，就是一个动人的剧本，就是一个能留下来的生命。

而你，应该去仔细观察身边的人和故事，多问，勤写，一个故事就能浮出水面。

好的故事，一定源于生活，经过改编，高于生活。

这就是艺术。

当然，有些故事不用改编，它本身就足够高，当故事被讲出，你只需安静地坐在一旁，静静地听就好。

2. 好的故事一定是以人为中心

无论多大的事件，如果不以人为中心，故事就不能吸引人。

人是故事的基本单位，写故事，其实就是写人。

《泰坦尼克号》中如果不是杰克和露丝，也没人记住那个沉船事件，相反，杰克和露丝或许是假的，但泰坦尼克号却是真的。

好的故事背后一定是人，而因为人的选择，人和人的关系，人和环境的勾连，才让故事变得有血有肉。

《阿甘正传》就是一个好故事，实则是讲阿甘的成长，却通过阿甘奔跑讲透了美国的变迁，从二战到冷战，从小国变成了领头羊，然后阿甘一直奔跑，最后转身说："我累了"。

看似是写人，其实是在写一个有血有肉的美国。

莫言的《娃》也是这么一个故事，看似写他的姑姑，实则是在写那个年代，那个计划生育的环境中人与政策的矛盾。

所有伟大的故事，都是从人开始的，鲁迅就是这个套路的高手，在他的笔下，无数鲜明的形象，衬托了那个旧世界：祥林嫂的绝望，孔乙己的落魄，阿Q的拧巴，闰土的脸庞。

你或许会忘掉那个时代，但你永远忘不了那些故事中的人。

所以，从一个人开始写，一定是最好的故事。

3. 好的故事写的是人性

一年前，我看了《驴得水》的剧本，看完以后，拍案叫绝，那一刻我开始明白，写人最难的就是突出人性的两面。

一个放荡的女子竟然一心在追求最纯洁的爱情，一个天不怕地不怕的硬汉，听到枪响不怕，怕的是自己没被打死，要再死一次，于是，他从一个硬汉变成了一个怂货；一个永远主张做正确事情的校长，却永远关心小事，最后酿成大祸；一个无知可爱的铜匠，当被爱情伤害后，却要置对方于死地……

这就是人性。

《纳粹医生》里说，医生是伟大的，是纯洁的，为什么在纳粹营里，无数医生却要无故杀死犹太人，拿他们当试验品，所以，坏人干坏事不奇怪，奇怪的是为什么好人干坏事。这就是人性，同一个人，他既可以家暴，又可以在街边扶起老太太；他既可以给穷人捐款，又可以在网上施暴。这就是一个鲜活的角色。

《釜山行》为什么在众多僵尸片里出类拔萃并被那么多人记住，是因为这部电影里透着人性：在僵尸横行的世界里，只能让一个人跑，是你跑还是让你爱的人先走？

《温故一九四二》里面写过一个故事：河南旱灾，蒋介石政府不作为，旱灾完了是蝗灾，可是河南人没死完，为什么呢，因为日本人来了，竟然给发了粮。他们发粮食的条件是，解除当地武装，于是，老百姓把当地的武装成团成连的给解除了，在当叛徒和填饱肚子中，他们选择了填饱肚子。这就是人性的描写，这就是一个让人深思的故事。

我写到这里，想必你应该听懂，什么叫人性了。人性可以善良，可以丑恶，因为环境，因为制度，导致不同的选择，而讲故事的人，就是要讲明白，为什么好人做坏事，为什么坏人做好事。

《撞车》是一部讲美国种族歧视的电影，如果你喜欢，可以看看，我想这部电影和很多优秀故事有着一个共同的特点：人性被描写得足够矛盾和鲜明，一个反对种族歧视的白人警察最后杀了一个黑人，一个因为今天心情不好猥亵了黑人女人的警察最后却冒着危险救了她。

这就是人性。

人性脆弱也坚强，黑暗也发光。

好的故事，不要总是写一个人有多坏，应该多去描写他为什么坏、发生了什么，一个坏人被立体化，才是好的描写。

也不要总是描写一个人有多好，而要讲明白他好的原因、他这么做的想法，让人物立体，故事才有趣。

描写人，其实就是描写人性、观察人性。

描写人性，是描写人的关键。

4. 人与人的矛盾，人与环境的矛盾

我在学剧本创作的时候，老师曾经跟我说过一句话：写故事最重要的，就是两个字：矛盾。

的确，矛盾推进剧情，一般的故事是人和人的矛盾，比如西游记里面唐僧和孙悟空的矛盾、猪八戒和孙悟空的矛盾，都属于简单的人物间的矛盾。

更深层次的矛盾，就是人和自己的矛盾了。

比如《夏洛特烦恼》中看似是夏洛和马冬梅的矛盾，其实是夏洛和自己的矛盾，整个梦都是自己和过去的自己之间的矛盾。

还比如无数超能英雄，当能力巨大、所向披靡时，就不存在和别人的矛盾了，他们往往都在琢磨：我到底是谁，我要去哪，我从哪里来，这一次次的追问的背后，就是一个好的故事。

自己与自己的矛盾应该是自己和别人矛盾的升华。

另一种矛盾就更有趣了，是人物和环境的矛盾，这种故事，就比较难写了。

比如《肖申克的救赎》是自己和监狱的矛盾，自我突破要驾临于环境突破之上；比如《楚门的世界》，是楚门和他所在世界的矛盾；比如《飞越疯人院》，是麦克墨菲和疯人院的碰撞；

再比如《辛德勒名单》，是主人公和战争背景下的环境产生的矛盾。再比如《红楼梦》，没有一个坏人，却显得谁都那么拧巴，这就是人和环境、制度的矛盾。

人和环境的矛盾一般是最难写的故事，一旦写出来，往往就是史诗级的故事了，写好这样的故事，应该是我们这一代人共同奋斗的目标。

如何讲好一个故事（二）

上一篇，我们聊了怎么写故事，从生活聊到了人，写到了人性，写到了故事重要的是矛盾，接下来，我们一起聊聊角度、人物选择、细节、钩子、转折。

在第三章里，我会跟各位分享一个非常全面的书单以及电影剧本。

再次申明，这三篇文章，建议你反复看，而且一定要训练，所有的故事，都是经过打磨、仔细推敲以及多次重复训练而写出来的。

1. 好的角度能把烂故事讲好

你有没有遇到过这样的事情，同样是一个故事，一个人讲很有趣，另一个人讲就无趣，是语言问题吗？

其实不是，是角度问题。《Sully》（萨里机长）讲的是一个真实发生的故事，剧情很简单，讲的是 Sully 在起飞时撞到了鸟，然后被迫降落在水面，救了全飞机的人。

可是，这个故事的厉害之处在于他的角度，编剧选择的是监管部门对这件事情的怀疑来推动故事的剧情，在一次次质疑他还有没有更好的方案，质疑他到底是英雄还是破坏了飞机的失职者上做足了文章，最后发现他降在水面，是最优解。

好的角度能把一个一般的故事讲的出神入化。

电影《离开雷锋的日子》的角度更好，作者并没有像一般作者一样讲雷锋多么乐于助人、多么好、死了多么可惜，而是从他战友的角度动笔，讲述他有多么愧疚，并决定一辈子助人为乐来传递雷锋精神。这个角度，看哭了很多人。从一个新颖的角度，就能看到一个不一样的故事，所以，当你开始动笔写一个故事时，一定要看看还有哪些角度可以出发，哪些角度能把故事更活灵活现地表达出来，哪些角度别人没有用过。

写到这里，我忽然想到了我龙凤胎姐姐结婚的场面，那是一个和别人一样的婚礼，同样是父亲把女儿的手交给女婿，从此他们白头到老永结同心。

可是这个婚礼不一样的是，后面捧着新娘婚纱的不是花童，而是她的弟弟，从小一起长大的弟弟，他从后面看着姐姐搂着父亲，从姐姐和父亲的身后看到未来的姐夫，他的眼睛湿润了。可他依然微笑着，在后面默默地跟着，心里一直祝福他们。

台下的观众举起手机拍摄，拍出的画面很美，有一张刚好拍到了四个人在一条直线上的照片，如果剪掉后面的弟弟，是一张完美的婚礼照片，而加上后面的弟弟，似乎多余，又似乎更完美。

这就是从好的角度讲出来的故事。

2. 人主动选择远远不如被动选择

如果有两条路，一条是 A，另一条是 B，主人公的选择，决定了故事走向。

所以，白雪公主选择了王子，灰姑娘选择了王子，所有女生都选择了王子，可是，有没有谁选择了野兽呢？有，美女选择了野兽，美女为什么选择野兽呢？不是因为美女傻，而是因为野兽绑架了她的父亲，让她被迫做了选择，这就是故事的另一个构造方法：主动选择，不如被动选择。

好的故事有一个特点：环境推动人物选择，情节干涉人物选择。

比如《速度与激情 8》中，主人公为什么要选择背叛家庭啊？因为他有个儿子被绑架了，他被动选择，或者他没有自由意志，只能这么选。

人在大环境下的被迫选择，可以造成人和环境的矛盾，所以，在写一个故事前，你要思考一个问题：这个故事，放在哪个环境下，这个环境有什么特点，主人公进入这个环境会如何扭曲。

想明白，你也就可以落笔了。

3. 细节决定故事

故事主干讲完后，接下来聊聊细节，好的故事一定是细节惊人，而细节取决于对生活的观察和深度的思考。余华老师的《兄弟》对笑的描写，细节惊人，给大家看一个片段：

一千多个人看着呢，他竟然把李兰举了起来，灯光球场里的笑声哗啦哗啦地响了起来，大笑、微笑、奸笑、细笑、淫笑、奸笑、傻笑、干笑、湿笑和皮笑肉不笑，林子大了什么鸟都有，人多了也是什么笑声都有。

原来啊，笑也可以分为这么多种，还可以这么描述。

加缪的《局外人》也是一样，这本书的开篇并没有说这人多么的局外，而是用了这么一句话："妈妈死了，也许是今天，也许是昨天"。

最亲的挚爱离去，竟然用这么一句话轻描淡写，除了佩服，就是佩服。

这句细节的厉害之处就在这里，那种无所谓的感觉被展现得淋漓尽致。

我还曾经被这样的细节所打动：

冯骥才的《高女人和矮丈夫》：高女人死了，矮丈夫依旧喜欢把伞打到比自己太阳穴高许多的位置，远远超过自己适合的高度。

这句细节戳到心了。

有了这些细节，就像给故事插上了羽翼，才能让故事飞得更高。

所以，主干决定故事的好坏，细节决定是不是大师级别的作品。

4. 钩子和转折

什么是钩子，钩子就是逻辑关系和转折关系。

比如当你遇见两个姑娘，你爱的是 A，可你偏偏给 B 说：你们怎么总在一起啊？下次我们三个一起好不好。

而这句话，说明了这个男生的高明，他不着急表白，也不急于表态，而是先两个人一起约了，给了读者无限遐想接下来会发生什么。

这就是钩子，不按套路出牌，不按常规推进。

伊朗电影《小鞋子》就是一部钩子超级好的电影，小男生要给妹妹买双鞋，于是参加跑步比赛，可是偏偏第三名才是一双鞋，这个钩子直到今天，再没人写得出比这个更好的了。

因为如果是第一名，他只要通过训练和坚持，就可以拿到第一，如果是最后，他大不了不跑就好，可是最难的就是中间名次，因为你对对手们不了解。

后来他在长跑线上迷茫地看着周围，最后在众人欢呼下拿了第一,而他却迷茫难过地在人群中晃荡着,这就是顶尖的钩子。

《人民的名义》也是通过钩子一次次地推进，当故事情节陷入苍白，作者就通过陈海被车撞死来推动情节，造成疑点，故事一下子就惊心动魄了起来。

另一种钩子,是从一件事变成另一件事情。《我不是潘金莲》

就是这样，李雪莲先是离婚，后来从离婚变成假离婚，从告秦玉河变成了证明自己不是潘金莲，然后变成了告县长贪赃枉法，然后一直变到上访，这种钩子，也是绝佳的。

5. 大量的片单、书籍、和对生活的观察

最后，我无法讲透彻钩子应该如何构造，因为就算你算尽全世界的钩子，在不练习、不动笔的情况下，也无法完全钩出最好的故事。

何况，这世界的钩子，我们怎么可能写得完。

在下一章里，我将会认真的跟你分享几本好书，如果你喜欢，一定要一本本地去读。

如何讲好一个故事（三）

请记住，所有的技能都是一句话：正确的方法 + 持之以恒的训练 = 技能。这个专栏负责解决方法，至于训练，就交给你了。

除了前两篇文中出现的故事，这一篇，我会给你列一个价值连城的故事清单和参考书籍。

现在开始。

1. 经典片单

你可以去电影天堂、BT 下载看看

《控方证人》

《霸王别姬》

《美丽人生》

《教父》

《美国往事》

《城市之光》

《海上钢琴师》

《放牛的春天》

《天堂电影院》

《忠犬八公的故事》

《鬼子来了》

《两杆大烟枪》

《七武士》

《黄金三镖客》

《天堂回信》

《触不可及》

《窃听风暴》

《虎口脱险》

《被解救的姜戈》

《大话西游之月光宝盒》

《完美的世界》

《大独裁者》

《美丽心灵》

《心灵捕手》

《浪潮》

《地球上的星星》

2. 推荐书籍

（1）《故事：材质、结构、风格和银幕剧作的原理》

（2）《哈佛非虚构写作课：怎样讲好一个故事》

（3）《故事思维》

（4）从零开始做编剧

（5）《救猫咪，电影编剧宝典》

（6）《电影编剧创作指南》

看完三篇文后，期待你写出自己的故事。可以发在专栏里，加上＃成为出众的人＃，我每篇都看。

提高演讲的九个窍门

我曾经在一篇文章里写过,年轻人最应该掌握而老师却不教的技能有以下几个:演讲、写作、谈判、合作以及领导力。

当人走入职场或者开始创业后,这些技能都显得十分重要。可惜的是,当这些技能被需要时,我们才发现为什么不早点花时间,用正确的方式去打磨这些技能。

有时候我们多会一项技能,就能少求一次人。

所以接下来,我会和大家分享这些技能的养成方法,但我一定要在第一篇说清楚,技能 = 正确的方法 + 刻意的练习 + 持之以恒的努力,缺一不可。

换句话说,认知更新后,方法明白后,如果不去训练,什么都白搭。

今天,让我来跟你分享一下演讲的九条规则吧!

1. 流利程度

我们都以为演讲最重要的规则是内容,其实不是,对于初学者而言,演讲最重要的是流畅度。

流畅代表着对自己演讲的自信,代表对内容的熟练,代表你对自己演讲的认同。

对于初学者而言，无论演讲内容如何，一定要流利，至少阵势上能够震慑到别人。

在演讲现场，听众往往五颜六色，有些是你的支持者，有些是你的反对者，有些保持着中立，我们演讲的目的，就是让中立者占到你的阵营中，让反对者对你的态度有所改变。

所以，流利度应该是最重要的，我们应该对自己的演讲内容极度熟悉，知道哪里停顿、哪里停止、哪里渲染。

如果自己都不自信，谁的立场都改变不了。

2. 内容

好的内容，能让一个演讲流传得更远。

在这个知识爆炸的世界里，不是每一种知识都有用的，也不是每一种知识都适合演讲的，与其瞎讲，不如不讲。

我对好演讲的看法是这样的：要么故事足够难忘，要么深度足够令人思考。

这个世界其实根本不缺讲道理的人，而是缺讲故事的人，知名编剧宋方金老师说：故事是每个人的神明，是照亮人的指明灯。

世界演讲比赛冠军夏鹏曾经说过：他的演讲，对着墙讲过两千遍。

后来我开始明白，其实他的意思是：改了两千遍，每个亮点之间停顿几秒都需要打磨。

好的演讲一定有一个特点:台上一分钟,台下无数次的重复。写－改－练－模拟,然后重复。

3. 语言

思考两个开场白:(1)谢谢你们来到这个地方;(2)有多少朋友是第一次来到这里的? 这两个开场白哪个好?

是的,第二个。

为什么,因为第二个正在和听众互动。

当然,和观众互动一定要记得假互动,不要真的傻里吧唧等着观众给你回应,万一他们不给你回应你不就傻了吗。

但同样是一句话,换一个方式去表达,去包装,就能更好的传递出来。

比如,"我非常讨厌 A"和"A 这个人有些奇怪",后者就更加温和一些。

关于演讲的语言魅力,我的建议是以下两种:要么幽默、要么励志。

幽默能让现场的气氛很舒服,励志能让现场听众的情绪饱满,这两种结果,都应该是演讲者期待看到的。

4. 眼神交流

演讲者的眼神应该环顾四周,不盯着某处看,这十分重要。

5. 手势

演讲的手势是最头疼的，因为每次被注目时，人总觉得自己的手多了，不知道放在哪里。其实很简单，当有桌子时，双手轻轻地放在桌子上。若没有桌子，双手垂于腰系就好。

6. 表情

中国有一句古话：伸手不打笑脸人。当然你不能笑得太猥琐，自信的笑，能给人很强的亲切感。但当你在讲述一些严肃的话题时，一定要收住笑容，并且抑扬顿挫地讲述，此时，手势也能增加许多气势。所以，当你不清楚台下人的状况时，微笑是万能的解药。

7. 着装

演讲往往被称为正式的讲话，我在每次演讲时，一定会穿着一身比较正式的装束，其实我这么爱自由的人，很讨厌西装革履的，但是，对于陌生人来说，演讲的前三分钟非常重要，直接能决定他对你的判断。

而一身正式的着装，能增加听众许多仪式感，这些仪式感，能让大家更容易进入你的演讲，尊重你的主题。

8. 辅助

许多人喜欢在演讲中用酷炫的 PPT，用好玩的音频，用有趣的视频，但我从来不用，因为我深知，一旦你的演讲离不开了这些东西，接下来就会很麻烦，你的演讲内容就牢牢被这些辅助工具控制住了。而真正的高手，他们一定会知道：当听众对你的辅助工具的兴趣超过了你演讲本身，你也就失去了演讲者的魅力了。

9. 熟能生巧、刻意练习

我在大学的时候，自己把自己关在房间里，对着空无人烟的教室，每天对着墙演讲四十分钟，坚持了八个月。后来我当老师，把自己的演讲稿对着墙讲够一百遍，每次都录音听，确定这是一个名师能讲出来的最高水平，才敢上台跟学生分享。所有的演讲高手，都在背后演练过无数次。

我的一个朋友是台湾非常知名的演讲家，叫火星爷爷，有一次的演讲被排在下午，他讲得十分出彩，但谁也不知道，他早上一个人拜托多媒体师傅打开多媒体，自己在空空的礼堂彩排过一遍。所以，所有流利的演讲，都有过刻意的练习，因为刻意练习，才能打造出最好的演讲者。

为什么要去读原著 | 一手知识的重要性

1.

作为原著党，我不太喜欢《嫌疑人 X 献身》的电影，不是拍得不好，而是最后一个细节很糟糕。

东野圭吾这个作品真正的高潮，在于故事的最后。所有的伏笔，都在于最后的时间错乱和其实是杀了两个人。

而整个故事的情感高潮在于石泓自以为完美的胜利，却在看到靖子自首后的号啕大哭，书中原话是这样："靖子如遭冻结的面容眨眼间几乎崩溃，两眼睛清泪长流，她走到石泓面前，突然跪倒：'对不起，真的对不起，让您为了我们……为我这种女人……'她的背部激烈晃动。"

可惜的是，当影片演到这里时，林心如老师忽然跪在地上，用浓厚的港台腔甩出那句"为僧么"的刹那，全电影院爆发出难忍的笑声，毕竟，一个发生在大陆的故事，竟然是港台腔。

的确，憋了两个小时的大招，竟然只是一个哑炮，谁能不难受。

这部电影从总体来看十分的用心，也很努力，只是结尾实在让我有些不理解，结尾两个男人在电梯口遇见，石泓莫名其妙地问了一句：难吗？

对方说：难，太难了。

这句台词有两层意思："四色问题难吗"和"我给你设的这个局难吗？"

的确，都难。

这个结局很巧妙，但却少了一些冲击力，因为好的作品一定能渲染到观众的情绪，走进人的灵魂。

让我们看看原版故事是这么写的：

"汤川从石泓身后将手放在他双肩上，石泓继续嘶吼，草稚觉得他仿佛正在呕出灵魂。"

毫无疑问，如果用石泓哭着结尾，电影应该能走心的多。

当然，你也可以有自己的看法，只是，这不是我今天要分享的内容，今天要跟你分享的，是关于一手知识的重要性。

2.

我经常在课上鼓励学生看书，我说：如果你看完一部电影觉得好看，一定要看看原著，是因为原著是一手信息，剧本修改后变成了二手，而电影拍摄完就成了三手，而从一手信息到二手信息，总会丢掉一些或者修改一些重要的内容。

有些编剧的能力强大，很可能比原著还好，比如宋方金老师在处理《手机》的时候，就十分的巧妙。

往往很多内容，却因为电影的需要、审查的需要消失了、扭曲了。

而这些内容，往往是一本书的精华。

比如我们都看过冯小刚导演的《温故一九四二》，都惊讶于那时的饥饿，痛苦于那个年代的腐败，震惊于那个不知是真还是假的故事。

的确，好的电影，能让我们有所思考，有所感动，电影里写了饥饿，写了逃荒，写了政府，写了那个外国人白修德。

但你知道，河南最后饥饿是怎么结束的吗？你知道，刘震云老师的原著里，并没有故事吗？

他在最后一段里，有这么一个桥段：

后来事实证明，河南人没有全部被饿死，很多人还流传下来，繁衍生息，五十年后，俨然又是在人口上的中国第二大省。当时为什么没有死绝呢？是政府又采取什么措施了吗？不是。是蝗虫又自动飞走了吗？不是。那是什么？是日本人来了———一九四三年，日本人开进了河南灾区，这救了我的乡亲们的命。日本人在中国犯了滔天罪行，杀人如麻，血流成河，我们与他们不共戴天；但在一九四三年冬至一九四四年春的河南灾区，却是这些杀人如麻的侵略者，救了我不少乡亲们的命。他们给我们发放了不少军粮。我们吃了皇军的军粮，生命得以维持和壮大。所以，当时我的乡亲们，我的亲戚朋友，为日军带路的，给日军支前的，抬担架的，甚至加入队伍、帮助日军去解除中国军队武装的，不计其数。五十年后，就是追查汉奸，汉奸那么多，遍地都是，我们都是汉奸的后代，你如何追查呢？

这是这本书最精华的内容，这才是真正的人性。

可是我们知道的是，这些内容，却在电影里因为一些原因没有了。

这些知识，更加的令人动容，更加走入人心。

所以，要回归一手知识，就要从电影走向原著，只是为了能够对一个事件、一个故事，有着更深刻的了解。

我想，这就是读书的意义。

3.

我们存在的世界里，夹杂着大量的信息，有很多都是二手知识，甚至是三手、N手，这些知识有些是被损耗的，有些甚至是被曲解的。

因为信息一旦被传播，就会面临着衰减和走样，甚至出现变形。

小时候有一个游戏，5 个学生站在台上传话，不准用语言，只能用肢体去表达纸上单词的意思，基本上到了第五个同学，这词已经面目全非了。

当然，如果允许讲话，这个词或许不会被传丢，但如果是句子呢，是段落呢，是篇章呢？想必准确性就要大打折扣。

我举一个我们都知道的例子，我们都听过 21 天养成一个习惯，可是真的是这样吗？

查阅资料后来发现，实际上这种传说来自于 1960 年一个外科整形医生的书。Maxwell Maltz 医生发现截肢者平均需要花 21 天来习惯失去一条肢体。于是他说，人们平均需要 21 天来习惯生活中的重大变故。

所以，如果我们用 21 天的时间去每天跑步、每日早读、每天读书，其实是很难养成真正的习惯的。

后来，在 European Journal of Social Psychology 杂志上，研究者检查了不同的习惯，很多参与者显示出了练习与养成习惯的关系形成下面一条曲线（实线），发现养成习惯平均达到最大惯性需要 66 天。

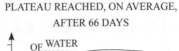

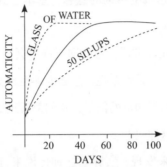

　　但因为这个实验的个体差距比较大，有些是 18 天，有些是 200 多天，于是结论并不出名，也没有实用性，并没有被人熟知。

　　后来，日本的一位作家古川武士写的一本书《坚持，一种可以养成的习惯》里，他通过大量的实验得出，习惯是一种复杂的行为方式，总的来说，分为三种，而每一种养成的习惯，都不一样：

习惯的三种分类
程度一 行为习惯 ·所需时间：一个月 ·阅读、写日记、整理、节约等
程度二 行为习惯 ·所需时间：三个月 ·减肥、运动、早起、戒烟等
程度三 思考习惯 ·所需时间：六个月 ·逻辑思考能力、创意能力、正面思考等

所以，当我们回归到一手信息，才知道，越往前找信息，信息越复杂，越难总结。好在，也越精准，越仔细。

4.

这就是为什么要回归原著、静下来读书的一个很重要的原因：当回到书本中时，我们更能贴近作者当时的思想，更能理解一手信息。

当然，如果你对这个话题只是感兴趣，不想浪费时间深入，往往二手知识就够了，它只是一个谈资，只是知道不必深知。

但如果你想成为一个不一样的牛人、这个领域出类拔萃的高手，寻求一手知识，应该是每个人都应该追求的方式和态度。

而书，是追求一手知识的最方便的路径。

读书愉快。

关于知识付费的三点启示

关于知识付费，我会讲很多次，这是第一次，愿我们对此能有一个浅显的了解。

我先讲一个故事，1952 年，一个来自大巴山农村的孩子，他和其他人一样，没有足够的粮食，没有充足的教育，可是他特别喜欢读书，于是他偷偷地把家里仅存的几本书拿出来读，读完后还在沙堆里用木棍抄写书里的佳句。

他忽然发现，自己不仅喜欢读书，还喜欢写写东西。

后来他在重庆读完了中学和专科，就再次回到了大山，那时学习无用论飘荡在整个村庄，弥漫在每个地方，可幸运的是，他没有相信这些东西，他还是偷偷地学习，认真地读书，积极的写字，有一次他写了一篇文章，给当地的报社投了稿，报纸刊登后，万万没想到，他被批评得一塌糊涂，许多人认为他这是小资本主义狂热的前兆，就这样，他发现写文章很危险，尤其在当时的环境下不太适合表达真实的自我。

后来，他开始转型练字，在不停地临摹、不断地努力时，他还连续去了三次北京，拜访当时许多文化部的官员，有位官员很喜欢他，提出帮他出第一套字帖，接着，人民日报、新华社也介入宣传了，后来，字帖越来越火，加上他写的确实好，十年后，中国人几乎人手一本他的字帖，到最后，他的版税有时候能到百分之三十，完全致了富。

很显然，他的知识变现了。

他的名字叫庞中华。

庞中华应该算是知识变现的前辈，他的故事，其实能给我们很多启示，我们一点点地来挖。

1. 没有好的内容，就不可能变现

知识变现的首要条件，就是好内容，如果没有好内容和拿得出手的东西，哪怕是一分钱，也不会有人购买，就算购买了，也会有被人喷。

所谓好内容有两种呈现方式：第一，稀缺的优质内容；第二，节省了用户的时间。

庞中华就是这样，首先他的字很好，当时他的字就是稀缺的优质内容。他的字好看，而且很多人认为写好字对自己有很大的用途。

其次，他的字帖帮助了人们节省了寻找模版的时间。

好的内容其实就是这样：要么提供新的观点，讲出厉害的故事，对用户的成长有用，要么，就能够节省用户的时间。

比如，我的朋友是个说书人，开了一门课，叫"每天读本书"，他带着读者，半小时读完一本书，收费 4.99 元，价格比一本书便宜太多，他讲完了这本书的精华，降低了大家时间成本和金

钱成本，再加上他的表达清楚，观点有趣，所以，必然能成为优质内容。

所以，所谓的好内容，必然具备节约用户时间和帮助用户成长的功效，如果没有，这样的内容就不是好内容。

在这个知识变现的时代里，许多人都想进入这个领域去分一杯羹，可是，当内容不够优质、不能为用户节约时间时，必然不会走得太远，或者不会走得太长。

2. 互联网之战，其实就是流量之战

如果你有仔细读庞中华的故事，你一定会发现一个细节，庞中华三次进北京去拜访高官，那时的高官，其实就是现在的微博大号，那时他们的一句话就能让全部的流量和人群围着一个人转。

而现在，因为互联网的诞生，传统媒介的影响力下滑，宣传渠道开始变得五花八门，我们再也不用去求那些高官，我们只需要有自己的流量就好。

互联网之战的本质是流量之战，得流量者得天下，没有流量，再好的内容也出不来，别总说什么酒香不怕巷子深，这个时代里，再好的酒，放在最深的巷子，不吆喝，就不会有人知道。

所以庞中华外靠了一个巨大的流量体，才有了今天。

这个动作，在当今的知识变现体系下十分受用。

你可以拥有自己的流量，当然，你也可以依靠别人的流量。

比如得到 app 上的几个大牛，本身是没有流量或者流量不多的，但是 app 的流量大，自然就分配给了他们；同理，我的专栏也放在微博这么大的一个流量平台上，才能被各位读到。

于是这个时代的搭配就变得有意思的多了：作者负责优质内容，而平台负责提供流量。

可是，如果你此时此刻一无所有呢？没有平台给你流量呢？

那要不你就自己建造一个，从别人那里寻找好的流量，让自己成为一个小平台，许多营销号都是这么做起来的；要么你就找个流量爸爸，把最好的内容给他筛选，让他给你送流量。

3. 知识付费，信息不付费

最后聊的这点也很重要，在美国电影圈有个规则：拍电影时，电视上只能出现新闻和天气预报。

美国人认为，新闻和天气是上帝赐给你的信息，所以，这些东西，是没有知识版权的。

在中国其实也一样，快速的信息没有付费价值，比如你点评一个娱乐新闻，一定不会有人付钱去看，但如果你的标题是这件娱乐新闻背后的营销方式，这样就把信息变成了知识。

再比如你讲了一个关于自己的爱情故事是没有意义的，可是你把背后的道理拿出来，总结成"爱情到婚姻的几个大坑"，这样的就从信息变成了知识。

再比如你列出一个书单是没有意义的，但你列出一个专业书单，比如经济学必读的五本书，这样的内容，就有意义了。

信息不值钱，但知识是有价的。

所以，能让人成长的是有价的知识，其他的，是没有价值的信息。

考完四六级后你还应该怎么学英语

这篇文章其实适用于所有考试后，也适合用四六级。

每次考完四六级后，几家欢喜几家愁，无论是兴奋还是沮丧，都已经无法改变。

要知道世界上没有后悔药，过去的成就往往是过去，过去的失利也只代表历史，在这么多四六级解析的浪潮和信息中，忽然想写一点关于考完后你做的事情，愿这些东西，对你长期有用。

1. 趁热打铁，药不能断

我们都有过长跑的经历，长跑最怕的不是慢，而是站。

一旦停了，就总想休息；一旦走了，就总想放松。

学英文也是一样，考完试，一定不要停，能坚持早读的还要早起，能坚持读原著的还要持续，能每天练听力的还要继续磨耳朵。

英语这技能，三天不碰，之前学的就全部忘掉了，再重新拾起来，就更加痛苦了。

想想我们从高中到上了大学后的日子，随着岁月的蹉跎，英语竟然奇怪的退步了。

所以，务必要趁热打铁，尤其是刚刚考过四级的同学，赶紧马不停蹄地准备六级考试，无论这次考得怎么样，要知道学习是持续的事情，别停，停下来，就再也不愿意启程了。

坚持一个好习惯不容易，放弃太简单。

所以，要习惯奔跑，习惯热血生活，习惯每一天都在路上。

2. 持续树立短期目标

我们为什么会在考试前的十天半个月学完大学一个学期的知识？为什么会在过去几天，几乎背了四六级考试需要掌握的所有单词？

原因很简单，因为目标越接近越清晰，人就会越全力以赴。时间稀缺，会导致更加集中。

就好比你在长跑，虽然筋疲力尽，但看到终点线，便会义无反顾地爆发出更惊人的潜力。

短期目标对一个人的成功有着巨大的影响，因为目标一旦可以看见，人的奋斗就会更加实际。所以，永远不要把自己的目标设计为：我要把英语学好。

这样的目标是不现实的，因为没有细化的目标，充其量就只是口号。

口号只能让人热血，三分钟热血后，又变回原来的模样。

让我来跟各位分享一些可以在大学四年里设定的短期目标吧。

（1）四六级口语考试

从 2016 年开始，四六级考试已经增加了口语考试，并且没有报考限制，换句话说，只要你报考四六级，就能考口语考试。成绩分为 ABCD 四个等级，机考。我的建议是：一定要参加，因为多一个证书，总比没有强。

在以后找工作的路上，你总会感谢自己因为多了一个证书，比别人多了一线机会。

四级考试通过的同学们，不要再刷分，直接考六级。六级考试通过的同学想刷分可以刷，毕竟很多涉及外事的用人单位，要求六级是在 500 分以上。

（2）专四、专八证书

除了英语专业考生，原则上其他学生是考不了的，所以，这个证书，建议你不要去蹚浑水了。

（3）托业考试

托业即 TOEIC（Test of English for International Communication），中文译为国际交流英语考试，是针对在国际工作环境中使用英语交流的人们而指定的英语能力测评，由美国教育考试服务中心设计。现在韩国和日本的教育里，已经开始大面积地使用这种测试来检测学生的英语能力了。

托业考试的费用是分开的：听力与阅读考试：人民币 608 元；托业口语与写作考试是 698 元。

当然，证书也是分开颁发的。如果只通过了听力与阅读，则可获得职业英语水平等级证书（B 类）；若同时通过了听说与阅读考试和口语与写作考试，则会获得职业英语水平等级证书（A 类），这个证书很有用，据我所知，很多交换的项目都需要托业的成绩，各位加油。

（4）口译考试

英语口译圈有一个大家都知道的段子：你想要月薪上万，成天睡到自然醒，还不用天天工作怎么办呢？那就去考口译吧。

的确，通过口译考试，日子能舒服很多，现在一场大型的同声传译，至少是三千起，一个月接三场就破万了。

可是，口译考试的难度很大，尤其是上海市的高级口译，一个教室往往只有一个人能够通过。

现在有两个考试是国内认证性很强的，一个是 CATTI，被称为全国翻译专业资格考试，按数字分级，还有一个是上海外语口译证书考试，按级别分级，两种的难度系数都很大，需要长期的准备和奋斗。

（5）托福、雅思

托福是北美研究生入学的考试，雅思是属于英联邦的考试，现在可以互换分数。如果自己有出国的计划，托福和雅思真的可以认真地报名，好好地准备一下，毕竟，托福雅思都不像高考一年只有一次，ETS 的考试，一年都很多次机会。只要你准备好，随时都可以去挑战。在你准备这种最专业最本土的考试时，你会发现，你学习到的不仅仅是一门语言，更是一个全新的价值观和全新的思维模式。

（6）全国大学生英语竞赛

全国大学生英语竞赛（National English Competition for College Students，简称 NECCS）是高等学校大学外语教学指导委员会和高等学校大学外语教学研究会组织的全国唯一一个考查大学生英语综合能力的竞赛活动。听起来很高大上，其实很容易获奖，它是按照比例来的，有些学校的学生只要通过了四级，就能拿到一个不错的奖项，上面写着"全国"两个字。

我经常建议大家去多参加一些比赛，因为你永远不知道有些奖是多么好拿，万一自己拿到了，岂不是 happy accident。

总之，设计一些小目标，小到可以看到，对接下来的英语学习太重要了。

3. 学习一些"没用"的技能

有人说中国的英语教育最大的失败，就是教出了那么多的考试高手，却教出很少会说英语的学生。

我想，是因为我们的考试一直没有口语，有些地方的高考甚至没有听力，可是和外国人交流最重要的，想必就是听力、口语了。

我们曾经采访过许多毕业生，问他们大学四年最后悔的事情是什么，排名第一的是没过谈恋爱，排名第二的是英语没学好。

还真是，词汇量不一样两个人怎么在一起相辅相成啊，好了，开玩笑的。

所谓英语没有学好，其实真正想表达的是口语没学好，因为口语没学好，所以无法交流，因为无法交流，所以不能领会到语言的精华，然后找不到乐趣，就更不愿意学了。

所以，考完试后，也去学习一些"没有用"的技能吧。

比如口语，比如口译，比如英美文化，比如英语演讲，比如英语辩论，这些知识，确实不会考，但却在生活中，非常实用。

练习口语最好的方式无非就是跟读和重复，一遍遍地来，一个单词一个单词的模仿，这些看起来很费时间，可是坚持跟读一段时间后，慢慢地会养成习惯，然后爱上这个动作，受益匪浅。

推荐 VOA，BBC，CNN 等官方电台，非常适合长期模仿，除此之外，建议你去追一部美剧或者英剧，美剧我推荐《Madman》，英剧我推荐《Black Mirror》。

4. 做一个终身的学习者

为什么考完试还不让你休息，还写这么一篇文章督促你呢？

我们在高三的时候或多或少地听老师说过：坚持完这一年，上了大学后你们就爽了，什么也不用学了。

事实证明呢？

无数高考的佼佼者，都因为在大学四年的颓废，最终竟然没有找到理想的工作，甚至没有任何一技之长立足，我们也见过不少三本学校的学生在大学四年里找到了方向，持续努力，变成了创业家企业家和某个行业的高手。

有人归因于风水，真的吗？

不是。

只是后者明白，人这一辈子应该都处在学习的状态，学会终身学习，持续地努力。

终身学习的概念，是这两年的才被提出来的。

的确，活到老学到老的态度，才能让自己看到更广泛的世界。

这世界上有很多考试，你参加的不过是你人生中为数不多的一个。

人一辈子的考试，是有限的，可是，学习是无止境的。

做一个终身学习者，每天都应该把自己从舒适区拖出来，进入学习区，每天学习进步的人，世界对他们来说，是动的。

那些动着的人，无论年龄多大，都有一种青春的力量，这些力量，能够让人看到更广泛的世界。

愿你我都是这样的人。

怎么去提高英语口语?(纯干货)

1.

为什么学了这么多年英语,还是张不了口?

为什么看到老外只能说出:How are you?

为什么如果老外不回答 Fine thank you and you,你就无法接下句话?

为什么去了英语角,你只是微笑加点头?

接下来这篇文章,你应该好好地去读读,纯干货的提升英语口语的方法。

文章长,先码了再看。

这些年我们陷入了一个学英语的误区,导致大多数的学生学了十年的英语,却无法张口说,原因很简单:1.我们在高考前没有口语考试机制,甚至很多省连听力都省了。2.我们大多数学习英语的方式,都对口语没有任何用。

我曾经去过一所高中,发现每当上英语课,都是老师在黑板上写东西,学生安静地记笔记;自习课学生们安静地分析着长难句的语法结构，背诵着单词，忽然心想，这样的英语学习对口语有用才叫怪了。

所以，到底怎么提升自己的英语口语，让自己能够熟练地和别人交谈？

我们开门见山，正确的方法只有两条：1. 张口；2. 跟读。

不过张口就意味着会说错，可是，说错的下一步就是改正，只有不停地改正才会有更大的提升空间。在许多城市和学校里有很多老外，你要抓紧机会去和他们交流沟通。

我曾经遇到一个学生，他看到外国人就像看到外星人一样，上去拍别人一下竟然开口说：can you talk ？（你会说话吗？）外国人含着眼泪说：yes.

但他已经好过太多不敢张口的学生了，大家之所以不敢张口，是因为害怕犯错。

其实当你和外国人交谈时，你会发现他们也经常犯语法错误，但是当意思表达清楚后，就能够进行下一步交流。可惜的是大多数的中国学生在讲话之前总在思考这个语法是否正确，而没有在思考怎么表达出这句话。曾经一个老外告诉我：想要表达出你请我吃饭，你只需要会四个词：you me pay food，而我从你的眼神里就能猜出是你请我还是我请你，渴望的眼神就是你请我，自信的感觉就是我请你。

所以，张口是第一步，别怕犯错，错了再改，改了再错，周而复始才能提高。

而光张口有用吗？

我曾经有个同学，每天早上拿着一本英文书，冲到操场上去朗读英文，坚持了一年，自己读错了都不知道，还继续坚持，后来自己独创了一门语言，全世界除了他自己之外已经没人知道他说的是什么了。所以，一定要学会跟读。

你应该去找一个完美发音的音频，放在手机里，一个词一个词地跟读，一句话一句话地模仿。只有模仿和跟读，才能让一个人的口语偏向标准。那接下来问题来了：到底要什么材料呢？

2.

让我来为你推荐一些很经典的口语材料吧。

VOA，它的全名叫美国之音，美国之音是一家提供 45 种语言服务的动态的国际多媒体广播电台。美国之音通过互联网、手机和社交媒体提供新闻、资讯和文化节目，VOA 有一个慢速英文，在许多网站上都有做字幕，是跟读的绝佳材料，纯正的美国文化和美式发音。

BBC 被称为英国广播公司，是英国最大的新闻广播机构，也是世界最大的新闻广播机构之一。在相当长的一段时间内BBC 一直垄断着英国的电视、电台。在 1955 年独立电视台和

1973 年独立电台成立之前，BBC 一直是英国唯一的电视、电台广播公司。BBC 是练习英式发音的绝佳网站，要知道，学好英式发音，逼格也能飞起来。

CNN，美国有线电视新闻网，中国很多明星曾经被 CNN 采访，他们的视频都是纯英文的，比如周杰伦，很可爱，也很有趣。这些网站时常因为我国的一些特殊原因被封，可是几天之后又会重见天日。

其实还有很多网站，从这些网站上选取一些资料和音频（注意，音频是最重要的）去跟读，模仿，坚持三个月，肯定有效，而且效果十分明显。

3.

说到时间，总有人喜欢在后台问英语老师：老师，能不能告诉我快速解决英语口语的方法？这种同学一般都会被英语老师拉黑。

英语老师至少要花十多年学好英语，还不能说完全"解决"，你让他告诉你怎么快速……市面上大多数关于"快速解决"英语口语的，都是骗子，因为学英语最重要的特征就是要持之以恒。你今天学了五个小时，明天休息什么也不学，这五个小时可能就白学。所以，掌握正确的时间很重要。我来跟你分享几个很重要的时间点吧。

1. 早晨

清晨是练习口语最好的时光，尤其是刚刚起床时，脑子清楚口齿伶俐，还没吃早饭，半饥饿状态脑子供血充足，跟读半个小时到一个小时英文，坚持 21 天，就会养成一个习惯，第 22 天想不早起都难。早上有多重要呢？小的时候，我的父亲在每天早上六点起来给我和姐姐放英文，父亲称之为"灌耳音"，我们被这样的英文吵醒了两年，虽然那时完全没听懂，但后来我们开始明白了什么是正确的发音，正确的发音像是音乐一样，而我们自己也能解释为什么语感比别人强。正确的发音需要你有英文意识，而清晨是培养意识最好的时光。

2. 坚持三个月

我曾经在一个同学身上试过，让他每天早起说英文一个小时，前半个小时复习昨天读过背过的内容，后半小时跟读新的课文，每周休息一天，复习前六天的重点内容。三个月过后，他开始讲出一口纯正的美式发音，虽然一些词的发音依旧不准确，但至少开口有了飞跃。三个月的威力是伟大的，因为他不仅有了成效，更喜欢上了这种感觉，现在他每天早上都比宿舍的同学早起，找个没人的角落里，开始朗读。

当然，旁人必然投以同情的目光。

那又怎么样呢？每个坚持做一件事情的人，都会被周围人嘲笑，嘲笑又能怎么样，总有一天你会让他们笑不出来，毕竟，笑到最后才是笑的最甜的。

3. 饭前背单词，晚上背单词

单词毫无疑问是重中之重，不要问任何一位老师：能不能不背单词就通过考试啊？老师只能告诉你重在参与。如果一个人告诉你不背单词就能过什么考试，口语提高很多，那一定是骗子。如果想让自己三个月有所突破，首先你要保证每天背单词至少两百个，看到这里你肯定说：怎么可能？你疯了吗？这么多？放心，两百个单词你就算背完，也会忘掉一半，可是你还记得一半啊。所以，第二天一定要复习。

背单词其实什么时间都可以，但科学统计过，背诵记忆最好的时间应该是半饥饿的状态，还有就是晚上，因为大多数的年轻人一般的状态是早上困，中午困，晚上莫名其妙的嗨了，所以，此时背单词的效果是最好的。

4.

怎么背单词？

先说一个现象：我们有多少同学背单词时是拿出一张纸，

然后在纸上默默地抄下单词，然后抄好几遍，再记一下意思就结束了的？我们有多少同学听力打死都听不懂，但老师把这个词写在黑板上时他惊奇地发现，嗯？是这个词，老娘背过？

我想许多人都中枪了。

的确，这样背单词的方式，被称为无用的努力，因为这样的方法对英语口语没有一毛钱帮助。

在背单词的时候，你一定要记住一下几件事情：跟读、意思、使用。

顺序不能错，先跟读，再背意思，最后自己造句或者背诵例句，尤其是当有机会把这个单词使用在生活里的时候，想必印象会更加深刻。当你开始背单词时，你才会发现，并不是每个单词都适合用在口语里，口语里的常用单词，往往只是四级水平的词汇，真正高难度的单词，是不会用在口语中的。

换句话说，练好口语需要的词汇，比你想象的要少得多。

那么，哪些词是在口语里常用的呢？答案是：一定要看美剧、英剧和英文电影。

5.

"看了这么多美剧，剧情是记住了，英文什么的就呵呵了。"这是许多同学在看完美剧后的感想，为什么会这样呢？是因为我们把看美剧和看电影当成了消遣，而没有当成提升技能的方法。消遣能提升技能吗？不能。只有刻意学习和练习才能提高技能，所以，美剧和电影只看一遍，是远远不够的。

当选择一集美剧或者一部电影时，第一遍还是要看剧情，看完之后，一定要进行第二遍，第二遍的时候，你需要不停地按暂停键，把字典放在旁边，然后一个词一个词地查询，把经典语句记在笔记本里，作为早上跟读的材料。当然你还可以看第三遍，第三遍，就可以完全跟着演员后去跟读了。

你肯定会说，看三遍多无聊啊。

谁告诉你学英语一定是充满着欢乐呢？

最后推荐几部适合练习口语的美剧英剧，你们也有空多练习吧。

英剧：初级《唐顿庄园》；中级《黑镜》；高级《夏洛克福尔摩斯》。

美剧：初级《辛普森的一家》；中级《广告狂人》；高级《生活大爆炸》。

大学不迷茫

05

能让彼此优秀的感情，
才值得永远被记得

内向的人应该如何社交？

1.

听过不少人跟我性格内向的朋友说，你要学会改变自己的性格，从内向性格的状态下走出来，变成一个外向的人。

于是，许多人开始逼着自己努力社交，甚至背一些乱七八糟的段子去活跃气氛，还逼自己去各种各样的场合去攀谈扩建人脉。

结果，这些人开始变得越来越不喜欢自己，讲出的段子越来越诡异，脸上的表情也越来越复杂难看。

所以，逼着自己改变性格真的有用吗？

这个世界之所以精彩，正是因为有不同性格的人。

可是，我们却总是过度强调外向性格优于内向性格，为什么呢？因为这个世界的话语权，牢牢地掌握在外向人的手里。

可是，这难道就代表外向就一定优于内向吗？

内向性格一定要被"改掉"吗？

内向性格就不能社交吗？社交到底重要不重要？

我遇到过很多内向的人，他们平时不太喜欢讲话，甚至喝了酒后，依旧不太愿意和人交流，只是静静地发呆。

但是他们内心有个强大而丰富的世界，他们喜欢独处，喜欢阅读，喜欢一个人看一部电影，喜欢一个人购物，喜欢一个人做饭，他们有无数种方式，度过自己独自一人的时光。

我遇到过很多大神，也是内向的，他们告诉我，之所以内向，是因为他们的内心深处是无比的多姿多彩，而这些东西，往往无法跟别人分享，就只能独处了。

其实，科学表明：内向者和外向者其实都是天生的。外向者通过外界来获取精神能量，他们通过和别人交流，看别人的行为，分析别人的话语获取能量、新的观点和对世界的认识。相反，当外向者拥有过多时间的独处，会令自己内心难受，思考受限。

而内向者不一样，他们通过独处，通过与自己的内心的对话来获取精神能量，当人开始变多，他们的精力就开始被损耗，甚至每一次聚会和团建，对他们都是折磨。

可是，当他们一个人的时候，或者只是一对一的时候，对事情的专注，将会让他们更好地发挥出自己更大的优势。

所以，内向和外向不过是两条不同的通向终点的路，外向者的路上充满着花朵和彩虹，而内向者的路上虽然都是小草灌木，但也是一种别样的风格。

所以，性格不需要被刻意改变，更没必要让你改变自己的模样，你需要做的，是让自己变成更好的自己。

2.

我们都曾经听过短板理论，一个容器的容量，取决于短板的长度。可是，现在这个世界变了，互联网时代里，我们不需要让我们每个短板都变长，这样成本太高，而需要去和别人合作，用别人的长板去弥补自己短板，从而用更多的时间去打磨自己的长板，让自己的长板足够长。

分享一个我自己的故事，我虽然经常做演讲，但平时很少和别人打交道，更不太喜欢无用的社交，可是每次写完剧本，都要和不同的制片方打交道，要不然不知道如何谈合作，每次对方还动不动五六个人一起，时常让我目不暇接地不知道从何开始聊起。

一开始我还看了大量商业类型的书，练习了无数种和这些人打招呼谈判的方式，搞得我焦头烂额的，后来，索性我就不见面了，委托我们团队专门搞制片的同事帮我谈。

瞬间，事情变得简单了许多，我不仅有了更多时间去写字，还避免了许多让我不开心的场合。

我想，这就是内向者应该做的事情：打磨自己的专长，把自己不擅长的交流部分，交给别人去做。

让擅长这个领域的人去做擅长的事情，是这个世界高效的运转方式。

我见过很多优秀的作家、画家、导演、设计师本身都十分内向，但幸运的是，他们身边一定有一个外向的人，帮助他把持着社交这一环节，而他们只需要专注于自己喜欢的事情就好。

3.

对内向者的另一个建议是：热爱事情，不用热爱人。

因为当你把事情做得足够出彩，你不用热爱别人，别人反而会来喜爱你。

据说，爱因斯坦、乔布斯、比尔·盖茨、J.K·罗琳、爱默生、金庸、韩寒、林书豪、王小波都是典型的内向主义者。

罗永浩曾经说过：

你们别看我站在台上能扯淡那么久，其实我是个很内向的人。参加超过5个人的饭局我就会全身不舒服，每次饭局以后回家都要一个人狠狠读一天书才能缓过来。我现在站在这里演讲，其实恰恰是因为我发现了自己的一个强项，我擅长于演说，并且喜欢它，我也没想过这个技能能赚什么钱，得到什么名利，我只是喜欢，就认真去练习。记得没去新东方当老师之前，有很多人说我：老罗，你平时一天都不说几句话，你还能上讲台当老师？你别逗了吧！但我不管，我内向的性格决定了我不会被别人所左右，谁说内向的人不能当老师？

其实我身边有很多同事，都是十分内向的，但站在讲台上的刹那，就马上焕发了激情，心中瞬间充满了热爱。

一下台，马上又变成了一个内向的人。

可是，我们从来不会评论这些人内向，说他们性格不好，我们只会觉得他们很有趣、很有料、很厉害，甚至会说他们很低调。

总之，我们很喜欢他们。

为什么呢？

因为他们没有把时间浪费在社交上，而是把精力放在了自己的专长上。互联网时代其实很难埋葬掉人才，只要是人才，无论多内向，都会闪光，都会让自己熠熠生辉。

那时，无论多内向的人，身边都会有很多喜欢你的人，毕竟，你是光源啊。

4.

我曾经说过一句话：要学会放弃无用的社交，在你不够厉害时，应该多学习，用心打磨自己的能力，因为只有等价的交换，才能有等价的友情。

所以，对于内向者而言，打造人脉，不如打造自己。

我在五年前，被拉到了一个大神群，里面有各种五花八门的大神，各个都如雷贯耳，但我想了很久，还是没有他们加微信，因为我忽然发现，自己好像和他们没什么好交流的，难道就是点点赞，评论两句话？

这样的社交有什么意义呢？

几年后，我也开始有了点影响力，他们中有几个人加了我，后来成了好朋友，他们跟我开玩笑地说：咱们当年还在一个群呢！

我也谦虚地说，是啊，当年想加您，都不太敢。

后来我也明白，当你是个内向型的人格时，就更没必要花大量的时间去扩充人脉了，因为人脉不是你认识谁，而是谁认识你；人脉不是你加了谁的微信，而是谁肯为你的朋友圈点赞。

谨以此文，送给每一位内向的人。

如果不能选择室友，就去选择朋友吧

1.

在我不懂事的青春里，写过一篇爆文《你以为你在合群，其实你在浪费青春》，那时我还年轻，文字中字里行间充满着暴躁和怨恨，虽有道理，却得罪了不少人，再次落笔这个观点时，又看了一遍那时的文字，觉得少了点什么，所以，想要重新认真地写写这个话题，毕竟，是否应该合群，确实是大学生活里每个人都会遇到的问题。

那是一个下午，一个男生满脸土色的跟我说：老师，我不想活啦。

我很震惊地问他：为什么？

他说，他们宿舍四个人，一个人天天打游戏，一个人天天跟女朋友视频，一个人天天看韩剧日本小电影，他是唯一一个认真准备考试的人，这三个人不仅不觉得自己有问题，还一副酸不拉唧的表情看着他，说：你装什么装？我们一个二本学校，你整天学习有意思吗？你学得过清华北大的学生吗？搞得像自己多牛一样。

他笑笑，该怎么学还怎么学，可是，每次他想静下来看书的时候，宿舍里传来各种各样"fire in the hole"的声音，时不时地还伴随着"雅蠛蝶"的伴奏；晚上准备入睡时，却不停地听到"老婆，亲一口嘛"这样诡异的声音，于是他开始整晚失眠，却又不得不早起去占图书馆的位置。几次和室友沟通无果后，他和宿舍里的室友越来越没话，后来索性不说了，回到宿舍，只睡觉，不说话。

可是，万万没想到，他就这么被孤立了，那三个人不停地以"你不合群"来攻击他，说不合群以后怎么在这个时代混，有人甚至故意去藏他的东西，让他找不到。就这么几个来回，他筋疲力尽，开始怀疑自己：我到底要不要合群？

他把这个问题抛给我的时候，我听得入神，忘记了回答，因为这个现象，在中国的大学校园太普遍。这是人普遍的心态：你进步，我没进步，我就不会爽；你学习，我在玩儿，你就不合群。

于是我问：那，你觉得上大学是为了合群还是为了努力变成更好的自己呢？

他说：为了成为更好的自己。

我说：那不就完了，和别人有关吗？

他若有所思地点点头。

那天晚上，我写给他了一篇文章，并写给了他这么一段话："二八定律"适用于这个世界每个角落，这世界一定是少数人拥有多数人的资产，多数人为少数人工作，互联网时代到来后，甚至会变成"一九定律"，所以，你愿意成为少数人还是多数人。既然无法选择室友，就要选择自己的朋友，如果大学四年的朋友只有自己的室友的话，就说明你没有走出宿舍，看到外面的世界，交到更志同道合的人。如果你的室友刚好就是和你志同道合的人，那么，太不容易了，记得珍惜。如果不是，也没关系，做好少数人就好，这世界的真理还真的，往往掌握在少数人手里。不过，既然自己是少数人，注定要被冷眼相望，注定要孤独行走。

可是，这世上谁又不是孤单一个人呢。

2.

爱默生曾经说过：如果有两条路，我选择走人少的那条行走。

其实，在青春岁月里，寂寞是常态。一个人的生活很正常，你真的没有必要去在自己变强大前花大量的时间去疯狂地社交，因为那些看着热脸贴冷屁股的社交，不过是无用的社交。

人脉不是你认识谁，而是谁认识你。

我们都有纠结过今天晚上是应该去跟一群人唱歌还是一个人在家看书：不去，总觉得那个场子里有一些牛掰的师兄师姐，留下他们的微信会不会有用，去了，发现狂欢其实是一群人的寂寞。

可是，你思考过一个问题吗：就算你留了他们的微信，又能怎么样，充其量不过是点赞之交，你进入不了他的世界，他不愿走进你的人生，没有交换，没有交集。

我在《放弃无用的社交》一文中说过一句话：只有等价的交换，才能有等价的友情。

有人又开始说了，那这个世界也太残酷了吧，一点感情都不讲吗，都是交换才能有感情吗？

你别说，这个世界还真的那么残酷，只是这交换不一定是钱，可能是你的专长，你的能力。

所以，想要获得等价的交换，先要让自己变强，让自己能拿出真才实学去交换，要不然，留下对方微信，除了看看对方朋友圈，真的很难走进对方的心。

3.

所以，又有人问：那我是不是就不该社交，不应该合群了！

你看，你又极端了。

社交是人与人感情升华的重要方式，人从原始时代开始，因为合群，我们才懂得如何会用火，我们才能制定战术打败比我们牙齿锋利的猛兽，因为合群，所以我们才活到了今天，才能和动物区分开。

可是，今天的状态又不一样，因为我们生活中有太多的群体了，所以，不是每个群都要合，毕竟不停地讨好别人是一件很痛苦的事情。

你明明是一个篮球高手，被分到了一个足球队；你明明巨高无比，却要低头跑着；跑得慢，低头累，还告诫自己要合群，不要鹤立鸡群，这不是作死嘛。

合群没错，但要合自己该合的群，合属于自己的群。

我在读军校的时候，虽然和许多人身上穿着同样的军装，剃了一样的发型，却发现和很多集体格格不入，直到今天，和当年同学聚会时，他们都会开玩笑地说：龙哥，你当年那个不合群的劲儿啊！我们都受不了。

我挠挠头，有些不好意思，想，我真的那么不合群吗？

可今天，我们公司的任何活动我都会第一时间赶过去，能举手之劳就毫无保留，能付出全部就不留余力，我从心里爱着这个创业公司，爱着每一个合作伙伴，甚至我时常在半夜三更请朋友吃夜宵，隔三岔五的和大家聚着喝酒，诶，为什么我现在合群了？

因为现在一起创业的人，都是志同道合的人，这是你自己喜欢的群体，所以，你该合。

人生最美好的事情，无非就是和一群志同道合的人，用尽自己的全力，共同做成一件事情，那种合群，才是有意义的合群。

4.

可是，找一群志同道合的人容易吗？

别说一群了，一个都很难。

《秘密》里面有一个很有趣的原则叫"吸引力法则"，就是你是什么人，就会吸引什么人，你是一个正能量的人，就会在身边吸引到一群热血青年；你是一个负能量的人，就会吸引一群祥林嫂。

可是，这个原则不是百分之百实用，因为有时候你就是很难吸引到一个和你一样或与你相似的人。有些人终其一生，都一个人孤单地行走在路上。

可是，孤独是常态，我们曾经以为越长大越孤单，后来发现世界原本是孤儿院。大多数的路，都是一个人走，偶尔有人陪你走两步就匆匆地说了再见，剩下的路，还是你一个人。

好在，孤独是最好的升值期，那些一个人的时光，能让你成为一个更好的自己。

不要总是觉得自己很孤单，用好这些一个人的时光，自己总会在不远的未来发光，这些光芒，会吸引到和你一样的人，这些孤单，只是为了让以后不那么孤独。

5.

说了这么多，无非想说：不合群就不合群，一个人吃饭没什么，一个人入眠也能很幸福，一个人去自习室也应该对着天微笑，一个人流泪也很酷，这些都是让自己变得更好必经之路。

室友和你不是一条船上的，不是就不是咯，那就找自己的船员，建自己的泰坦尼克号。

看不惯他们的作为，那就别看了，可是，一定要记得，再怎么看不惯，也不要对室友下手。

交流是化解矛盾的最好武器。

别动不动就动手，这年头看不惯的事情多了，看不惯，要想得通，心里骂娘，也要脸上微笑。

无论如何，在最年轻的时候，要学会独处，那些有成就的人，无论表面看起来多么合群，内心都有一片属于自己的世界，无论多么阿谀，内心都有一个属于自己的价值观。

愿你在一个人行走的时候，不那么孤单。

愿下自习后路灯能照亮你的影子，显得格外高大。

愿图书馆里能有书香陪伴着你。

愿你早日找到自己群体。

能让彼此优秀的感情，才值得被永远记得

终于写到了校园爱情，我接下来会写很多案例，许多男生女生，都是真实的。

也有很多感触，很多想法，很大尺度。

甚至很多真相，都是赤裸裸，让人不那么容易接受。

但还是要写，哪怕会让一些人读的不舒服。

就像你明明知道初恋可能没结果，却毅然决然选择了飞蛾扑火。

1.

姑娘 20 岁，认识我的时候，我也不大，我们坐在一家咖啡厅，她哭得一塌糊涂。

因为，她跟大叔分手了。

姑娘今年大二，对世界和社会充满着懵懂和好奇，想要赶紧冲出象牙塔，却又怕围栏外四面楚歌。

她和这个三十多岁的大叔在校园不远处的一家咖啡馆相遇，大叔刚谈完生意，她刚上完自习，两人惺惺相惜，很快留了联系方式，不久，就在一起了。

他们谈了三个月，她喜欢大叔的沉稳，也喜欢他的博学，她以为他们能走很远。可是，大叔提的分手，说两个人不合适，就别再见了。

姑娘很难受，跟我抱怨，怎么就不合适了，我觉得挺合适，我跟他在一起特别舒服。

我问，那他怎么说？

她说，说什么我跟他不是一个世界的，我们感情不平等，他总说很累，说我不理解他，不知道怎么安慰他等等，然后就分手了。

她继续抱怨着，眼睛红红的，说：以前跟同班同学谈恋爱，可是男生都太幼稚，太没安全感，后来又跟大叔恋爱，他又嫌弃我不懂他，不能和他并肩作战，我真的疯了，我是不是应该找个女生？

我听完愣住了，不是因为她讲的段子好笑，而是因为从她话语中我知道：她之前谈过一个和她年纪差不多大的男生，而且分手了。

我问，那，之前那个，和你一样大的那位，为什么分手？

她叹了一口气，说，那个别提了，他太幼稚了，而且根本不懂爱，跟他在一起看不到未来。我给你讲啊，有次说我渴了，他竟然给我买了一瓶冰水。如果是大叔，一定会给我买热的。

我听得有点不舒服，可还是说：爱不够，可以今后弥补，毕竟他年龄不大嘛。那，他努力吗？

她挠了挠头，说，努力还真挺努力的，但论成熟、交谈、安全感这些真的不如那个大叔。咱们说句实话啊，龙哥，虽然我不拜金，但人总要在大城市里生活吧，总要柴米油盐吧，论财力，他也不如那个大叔，你说我一个女孩子，虽然正在读书，是不是也要提前考虑这个问题。

我说：虽然你嫌弃那个男生，虽然喜欢那个大叔，那你还不是被甩了？

她仿佛被我打了七寸，然后瞪了我一眼，很快，她又回归到难过的样子，然后说，你说，为什么他要甩掉我？

我想了想，说，和你把那个男生甩掉的原因一样，因为他觉得你太幼稚了，跟他完全不在一个频道。

她仿佛听懂了什么，让我继续说。

我说，你真不应该那么快甩掉之前那个男生，虽然他还年纪小，却有着巨大潜力。男生在学校里往往看不出惊人的能力，只有出了校园才能看到曾经巨大潜力被爆发。所以，莫欺少年穷，他们不是不行，只不过都是时间的问题。只要时间够，自己又能持续地努力，都能在这个社会上有着自己的一席之地。

所以，你应该等他，陪他成长，和他共同打造一个家，而不是图个简单找一个什么都有的。虽然谁都知道找个什么都有的人舒服简单，但别人给你搭建的房子，别人随时都能拆掉，留下你一丝不挂的在野外奔波。

何况，安全感从来都不是别人给的，更不是一个男人给的，安全感，是自己给自己的。

所以，从他一无所有时开始陪着，比他什么都有后，寄生到他生活里要更安全。

2.

我写到这里，很多女生又要反驳我了，你一看就是童话故事看多了，要是每个男人都是好的，都在成功之后不会抛弃妻子还好，都在年轻的时候不三心二意还好说，但那要是遇到渣男了呢，你负责啊！

其实呢，渣男处处有，每年都很多，这点我当然承认，谁这辈子还不遇到几个渣人。

渣女也很多啊，那总不能不去爱了吧。

那么，我再讲个故事吧。

我遇到一个男生，大三，学校一般，专业自己也不喜欢。他整天待在宿舍里，疯狂地打着游戏，必修课选逃，选修课必逃，逃了课干吗呢？打游戏。

以前还会洗洗头出去吃个饭，因为要见女朋友。

后来，就长期光着膀子再也不洗头了，身上的肉越来越多，他也越来越懒，因为女朋友把他甩了。

后来我去他宿舍看过他几次，每次他都在抱怨，说现在的女孩子拜金，我不就难看点、没钱点、买不起房、没目标、还有点懒，除此之外，我还有什么不好？

我瞪着他说，你还剩什么？

他没抬头，继续打着游戏，然后抱怨着、痛斥着。

我转身离开他宿舍时，心里满满的充斥着对他的感受：既是可恨又是可怜。

我可怜他怎么过上了这种日子：被姑娘甩，蓬头垢面，没有目标；可悲的是，他压根不知道，女孩子根本不是嫌他贫穷，而是在他身上，看不到希望。

年轻的男孩子，往往没有社会地位，没有充足的资金，没有瞠目结舌的背景。但是，靠谱的男孩子有青春，有野性，有梦想，有追求，他们不浪费时间在游戏上，更不会疯狂地抱怨迷茫，他们虽一无所有，但逆风奔跑，给女孩子希望。

女孩子明明可以用最年轻的时光去找什么都有的大叔，为什么还要跟你在一起，原因很简单，因为你能让她看到光，让她看到希望。

女孩子在青春期的成长速度往往比男生快，这也是很多青春题材电影里，男女主人公不能在一起的最大原因：思维不平等，交流不顺畅。（第二大是广电总局不允许早恋有结果）

门当户对虽不重要，但精神上的门当户对，却决定了两个人能不能走得更远。

所以，男孩子需要快些成长。

一个不努力的男生，是不配拥有好的爱情的。

就像一个总是拜金的女生，也不配拥有纯洁无瑕的爱情一样。

3.

我曾写过一篇文章《感情若不平等，也就无处可息了》。

文里的中心思想是，真正平等的感情，需要两个人携手共进，共同打拼出一片家园，两个人少一个都不行。

谁说毕业就必须要分手，谁说再见就再也不见。

其实不然，所有的分手，都不过是两个人的步伐不一致，方向不相同，这些，都能通过平等交流和共同进步解决。

这世上除了黑白，还有各种各样五彩缤纷的颜色，总有一种，是两个人都喜欢的。

回到第一个故事，女孩子为什么会被大叔甩了？原因很简单，是因为大叔满脑子都在想工作、想买房、想投资的时候，她仅仅是在想：楼下的衣服要打折了，考试过不了怎么办……

当一个人总是踮起脚去爱另一个人，一个人总是弯着腰去吻另一个人时，这样的感情，注定会压死一方，累死另一方，放手，是早晚的事情。

美好的感情是齐头并进的，男孩子可以为女孩子不打游戏，他们多看书，多实习；女孩子可以为男生少买一个包，她们多陪伴，多鼓励。

有很多人问过我：老师，你觉得大学四年要不要去谈恋爱？

我的答案是，当然。

大学四年还有比这个更能记得一辈子的事情吗？

但是，任何一段高价值的恋爱，一定是建立于彼此优秀和共同进步的道路上。

互相拖累，相爱相杀，彼此摧残，这种爱情只出现在韩剧里，放在生活里，三天就死，虽然难忘，必是噩梦。

或许毕业后，会分道扬镳。

或许长大后，终究会别离。

但自己无怨无悔，因为曾大汗淋漓，一无所有，却玩儿命地爱过你。

哪怕没有走远，没有结局，也曾让自己，变得更美丽。

大学生该如何对待性行为

1.

先从一个故事开始，不是段子，是真事。

有一次我上午刚下课，累得够呛，中午有两个小时的时间休息。一想下午还有五个小时的课，就想找一个地方休息一下，走到一所大学门口，我看到了一家小旅馆。

门口的牌子上，清清楚楚地写着一行字：提供钟点房。

于是，我走了进去，可能是因为我长得像学生，前台对我的态度很轻慢。我说，您好，我要开个钟点房，两个小时就好。

她奇怪地看着我说：你开钟点房？一个人开啊？

我听得云里雾里，一个人不能开钟点房吗？胆怯地点了点头。

然后她继续问，你不带个女的或者男的？

这句话问得我毛骨悚然，然后我疯狂地摇头，再次确认，说我真的只有一个人。

她又问，你不带什么工具吗？

我以为是枕头和被子什么的，就问她，你们不提供吗？

她说，这个他们都自己带，我们不提供，还让我不要把房间弄脏。

我当时想，服务态度真差，连枕头和被子都没有还开什么旅馆啊？

于是转身就离开了，走在路上冷风一吹，忽然脑子清楚了好多。回想起了这段对话，顿时毛骨悚然，原来还是我太单纯了。

后来，我又在一次周末晚上去了一趟那家旅馆，房间爆满，压根没有空房。里面的房间很破，设施简陋，就是床大，价格便宜。

老板说，他们旅店价格便宜，童叟无欺，尤其是钟点房。一到周末，学校周围的情侣们都纷纷来袭，生意好不兴隆。老板还说，甚至有很多情侣直接在这里办起了长租，有一次一对情侣在房间里煮火锅把他们宾馆直接弄短路，真是过起了家家。

她讲到这里，我忽然意识到，世界变了，我想起父亲跟我说，他们读大学的时候，男生和女生一般是不讲话的，对比过来，时代真是变了。

原来我们以为这是很罕见的现象，但事实呢，这个现象很普遍，已经在大学里有了相当的比例，许多宿舍里也有些床铺长期没有人，甚至有些学校已经在讨论是否可以在家长允许的情况下实现男女同寝。

这个现象和学校好坏无关，和人的善恶无关，都是青春和热血而已。

你可能以为我接下来要批判这种现象，其实不然。

2.

许多人以道德和贞洁的角度去批判女性和男性的堕落，说这个社会的女人都怎么了，这么贱，说现在社会的男的都怎么了，这么渣。在这么一个约 P 软件风行，种子番号漫天的社会，求求你了，别那么保守了。

人有很多种生活方式，你可以不喜欢，不同意，但是，你要明白，每个人有选择生活的自由。

不过是生活方式而已，不存在谁高谁低。鄙视谩骂本身就是没素质的表现，包容理解才是最好的修养。

但是，凡事都不能过，过了的事情，必然会有逆反，甚至会造成后果。

曾经微博里有一个大二的姑娘跟我留言，说自己和同班的男生恋爱，她问我，男生提出来跟她同居，自己是否应该同意。

我说，这是你的事情，你自己做主，但我不太建议这么早就同居。

她说，呵呵，老师你太保守了吧。

我当时愣了半天，心想，你这不早都有答案了，那你还问我啥意见，难不成是过来调戏我的？

于是我没有回复她，半年后，她再次跟我留言。说她前些时间做了堕胎手术，手术台上，自己欲哭无泪，男生什么也不懂，一直傻里吧唧地问怎么办怎么办。

她最后还怪我，说我为什么不早点拦着她，要是我当时拦着她，她就不会这样了。听到这我差点一头撞死。

这种堕胎的故事在中国很多，悲剧的起源大多是对性的无知。我给你看一则恐怖的新闻：

南昌一对90后在校大学生未婚先孕，因害怕家人和学校知道，在宾馆生下女婴后，两人当即用掐女婴颈脖、用一次性筷子捅刺女婴咽喉和头部等方式将婴儿杀害。10月21日，南昌市中级人民法院对此案进行一审宣判，以故意杀人罪，分别被判处两人有期徒刑7年和2年。

我看到这则新闻，第一反应是震惊、愤怒，然后是困惑，的确，这个宽容的世界，不应该谴责一个人在青春里挥霍自己的情欲。但为什么不提前做保护措施？如果没有戴避孕套，为什么不算安全期、吃避孕药；就算都没做，退一万步说，为什么不去堕胎；就算生了下来，哪怕送到收养所呢？

残忍的背后，往往透着无知，对自己的无知，对欲望和性的无知，对世界的无知。

这些无知是怎么来的？为什么我们从来没有开关于两性关

系的课，不开性教育的选修课，好不容易小的时候有一个青春期常识的课总被老师讲的乌烟瘴气的，搞得像是在传递绝世武功只可意会不可言传一样。

每个人的青春期都是躁动的，不能压制，而应引导，不应盲目谴责谩骂，而应该告诉他们如何保护自己，告诉他们：真正的爱情，根本不是无休止的纵欲，而是保护好对方，陪着对方共同进步。

喜欢是放纵，爱却是克制。

3.

中国有一个很奇怪的现象：避孕套广告做的畏畏缩缩，人流广告却做得大大咧咧。

堕胎广告满世界都是，教女孩如何保护自己的信息却销声匿迹。

你在某度上搜索如何避免怀孕，前几条都是人流广告。

为什么没有一门课告诉学生：

一个负责的男人，一定会主动带上避孕套。

一个对自己负责的女生，一定让男人带上避孕套。

毕竟在这个纵欲的世界里，你很难告诉大学生约炮不对，开房不好。因为我们这个国家，性这个方面，被压抑的太久，而性本身就应该是生活里的一样必需品。当一个东西被压抑的太久，要么会爆发，要么被扭曲。

我们国家要么性抑制，要么性放纵，缺的是性解放。

性教育一直是我们国家的弱势，不是因为我们国家这方面的专家不够强，而是因为谁也不知道底线在哪，一谈到就不好意思，认为会教坏青少年，其实大可不必。有些信息，越沟通，越安全；越压抑，越危险。

所以，在这样一个环境下，我们不应该去压抑性行为，而是要学会用知识保护自己。

真正的爱，不是放纵，而是克制；是保护，而不是伤害；是提前预防，而不是事后后悔。

当然，你可以说，我不想学这些东西。怀孕就怀孕，我就生下来了，难道不行吗？

一个自己都活得很不明白的人，还要生一个孩子，这不是任性，而是对自己和这个生命的双重不负责。

有人又会说了，那就给爸爸妈妈带吧。

你爸妈刚把你一把屎一把尿养大，你再生一个屎尿俱全的孩子出来给你爸妈，你爸妈怎么这么闲呢？

　　我们都可以放肆自己的青春，却不能因为放肆而放纵，最后放弃了自己或别人的未来。

　　所有的放肆，都应该控制在一个安全的范围内，每个人都怕再不疯狂我们就老了，但是，人更怕老了后悔自己疯狂狠了。

　　所以，愿你们理性的相爱，安全的做爱；愿你们白头到老，不要相爱相杀；愿你们天长地久，而不是昙花一现。

如何和家长平等交流

这篇文章我写了整整一个晚上，因为我很清楚地知道，这篇文章对很多人都有用。

我用了很多案例和理论，仅仅是为了让你读的更容易一些。

无论你是孩子还是家长，都建议你阅读一下这篇文章。

因为，这个年代的我们和上个年代的家长，从底层的价值观就不一样。

上个年代的家长，经历了"文革"、自然灾害、饥荒，在他们眼中，吃饱肚子比什么都重要。

但在我们这一代人的眼中，已经几乎没有了饥饿，大家追求的，只有一样东西：幸福。

这就是为什么家长特别喜欢问：你做这件事情有用吗？

而我们特别喜欢回答：可是我喜欢啊。

有一本书叫《男人来自火星，女人来自金星》。

我想，父母和孩子，又何尝不是这样：父母来自火星，而子女来自金星。

所以学会和父母沟通、理解、妥协，是我们这一代人，共同的课程。

1. 你要有个明显信号告诉他们你长大了

我在签售时被一个高中生问了一个问题：老师，我和父母有矛盾，应该怎么办？

我问她，什么矛盾？

她说，他们不让我用手机，说是影响我学习。

我愣在了台上，很快，我忽然明白了点什么。

科技能给我们带来方便，但同时能退化一个人的思维，我在读高中时，父母也不让我用手机，是因为那时的手机，大多数还不太方便上网，但可以无休止的打电话，和女朋友聊天。

所以，老师在家长会上，多次强调：不准用手机，拒绝早恋。

后来，老师也不让高中生用手机，理由变了：拒绝打网络游戏。

可是，手机只能谈恋爱和打游戏吗？

我生活在北京，每次出门的时候，只要拿上一部手机，什么都解决了，不用带钱，不用查地址，只要有手机，什么都结了。

我现在时常拿手机听课、看书、看电影，不得不说，手机给了我们很多方便又准确的知识，科技至少让我变得越来越好。

但为什么父母和老师不让高中生用手机呢？因为父母非常清楚地知道，你还是个孩子。

你是个孩子，你无法控制自己，你无法自律，你没有本事为你所做的事情负责，所以，我们只能管理你了，我只能以偏概全了。

于是，那天，我跟那个孩子这么说：你知道什么是自由吗？自由的另一面叫自律，自律就是为自己负责，当你告诉父母你长大了，并且暗示他们，你能为自己行为负责时，他们自然就放手了。

我从军校退学前，父亲很担心，一个劲儿地给我打电话，他问的问题都很简单：你退学后，还能做点什么？

后来，我给父亲写了一封很长的信，信上写着我以后可能会做的事情，虽然现在看来，一个都没实现，但那时的这封信明确地表达了一个信息：爸妈，我长大了，放手吧。

父母的眼中，你永远是孩子，但他们很清楚地知道：他们是会老的，他们也会放手的，只是他们和你一样，不知道是什么时候。他们怕你选错了，怕你受伤害了，怕你无法承担得起你犯的错误，所以，他们帮你选了。

所以，在成长的路上，你一定会有一件或者多件标志性的事情告诉他们：我长大了，我能为自己负责了。

2. 经济独立是一切独立的基础

那么，长大的标准是什么呢？

是经济独立。

经济独立是一切独立的基础。

曾经一个学生跟我抱怨过一件事：我特别想出去玩儿，爸妈不给我钱，我该怎么办？

当时听到这个问题差点没把我吓到，我说：那你是想让我当你爸妈，还是我给你钱啊？

她也不好意思地摸摸头，然后说：好像真是，没钱好惨啊！

我经常建议一些同学，在大学四年里，别在脑子里总是植入一些幻想，比如你一定会嫁给吴亦凡，你一定会成为灰姑娘……多植入梦想，把梦想变成行动。

你应该多想想自己以后能干什么，以后想干什么，以后的生活会是什么样的，要如何靠自己努力得到。

你甚至应该多想想，自己什么时候才能财富自由，因为只有财富自由后，你才能有更大的话语权决定自己的去处和未来，只要方法得当、能力够强、一直进步，早晚财富自由，接着，父母早晚会放手。

毕竟，哪位父母不愿意自己的孩子成为自己的保护伞呢？

3. 用家长认同的方式说服家长

我问你，你怎么去跟父母解释现在当红的小鲜肉呢？

你要说，他有好多粉丝，好有影响力，超级帅……放心，你父母一定会觉得你有病，而且病得不轻，他们还会加一句话：跟你有什么关系呢？

可是，如果这么说呢，这个人就是当年的小虎队，就是当年的四大天王，就是当年的费翔，红的不得了呢。

父母瞬间就懂了，因为对于父母来说，那些是他们认知范围里的东西，那些更能引起他们共鸣。

我在打击校园暴力这件事情时，我的一个伯伯给我打电话，让我不要多管闲事，说你还没结婚，管别人的孩子干嘛。

我当时说了很多,他都不停地告诉我:你现在事业正在发展，管那么多有什么意义呢？能赚钱吗，能帮你娶媳妇吗？

后来，我跟他们说，你知道为什么这些孩子这么嚣张吗？因为他们在人群中从来不会觉得自己有负罪感，就像当年红卫兵一样。

我说到这里，伯伯像是明白了什么，然后马上不说话了，只说了四个字：注意安全。

因为红卫兵的故事，伴随着他的青春。

我在写书时，我的父母一直不知道我在干嘛，因为他们听说身边很多人自己花钱出书，然后印刷了好几千册放在家里送人，特别丢人。

他们还劝我：尚龙啊，咱们还是要好好上课，毕竟那是你的主业。

后来，人民日报、共产党员的微信号经常发我的文章，我把链接发给父母看，他们瞬间明白了，我在做一件很牛的事情。

因为那些能让父母感觉更亲近。

用父母的逻辑去说服父母，是最重要的方法，比如当年想选择音乐时，母亲反对，你可以说：妈，当年您不是说，只要我好，您也开心吗。可是，我现在如果不选择音乐，我就会不开心啊。您不会不让我幸福吧。

比如你选择 A 作为男朋友时，父亲不同意，你也可以说：爸，您当年不是告诉我，您和母亲都是经过别人介绍认识的吗，现在我终于不用被介绍，而是自由恋爱，我是在进步啊，您不希望您的女儿进步吗？

我想，这样的效果，就能好很多。

4. 不要用语言对抗，要用行动沟通

我曾经写给远飘的孩子一句话：记得报喜不报忧。

其实这是跟父母沟通的一种方案：尽量不要用语言对抗，而要用行为沟通。

什么是孝顺，我们总以为孝顺是要从不反抗，唯命是从，其实不是，孝顺主要的含义是顺，所谓顺，就是语言上顺着来。

而顺着来是有技巧的。

曾经我的一个女学生和男朋友恋爱四年，父母嫌弃那男生穷，就让她赶紧分手，可她就是喜欢，于是问我怎么办。

我说，你就跟你妈说，好好好，然后继续谈着，说什么都顺着，别对抗，但行动上该干嘛干嘛。

果然，她就这么又对抗了两年，后来父母觉得在这么拖着孩子年龄大了更不好嫁人，就同意了这门婚事。

最可怕的是，这个女生从来没有和家里人吵过架，因为每次父母发作，她要么挑开话题，要么嘴巴上不停地说，好好好，

然后转身又出门和他约会了。

所以，和父母沟通的方式是嘴巴上顺，行为上遵循自己想法就好。

我还遇到过一个孩子更聪明，她在北京毕业后，父母非要她回家考公务员，她表面上说"好好好，马上回去"，可是就是不买票，就这么拖了两个月，后来硬是在北京找到了工作，然后打电话给父母讲：爸妈，我在北京找到了一份工作，一个月八千多呢，先不回去了。

父母一想也是，回到家里，一个月也才三千多块，就让孩子去打拼一下吧。

所以，用行动交流，而不是语言的对抗是一个非常好的方式。

5. 双赢原则和双输原则

古典老师的《拆掉思维里的墙》里有一个非常著名的原则，叫作"双赢原则"和"双输原则"。

双输模式：

	我不爽	父母爽
我不爽 - 父母爽	我觉得无力，但还能忍受	父母开心，觉得终于让孩子幸福了
我不爽 - 父母不爽	我觉得失控，越来越无法忍受	父母开始发现我不幸福
我很不爽 - 父母不爽	我觉得自己人生很失败	父母放弃坚持，觉得自己怎么会有这样的孩子？人生很失败

双赢模式：

	我爽	父母不爽
我爽 - 父母不爽	我选择自己喜欢的事情，并开始行动	父母生气、绝望甚至打算放弃我
我爽 - 父母观望	我有点内疚，但还是坚持做自己喜欢的事情，慢慢小有所成	父母很绝望，觉得孩子大了，有想法了，不听话了。父母开始怀疑自己的判断，但是依然不确定我现在的选择是否正确
我很爽 - 父母爽	我觉得自己生活很幸福	父母放弃坚持，觉得孩子的选择也不错

所以，让你的父母停止质疑和停止痛苦的最好方式只有一个：立刻行动，让自己变成更好的自己。用行动证明给他们看，只有这样，才能成为双赢的方式。

6. 去影响父母，和他们共同成长

你知道吗？这个是时代已经变了，原来我们的知识和见识体系都是通过长辈告知，通过一个村庄最有见识的长者获得，可是现在时代变了，互联网时代的到来，让两代人的信息和知识一下子平等了起来。

现在这个时代已经变成了：你会问父母怎么带孩子，而父母会问你怎么用微信。

我们这一代人，长在互联网上，面前是人工智能，背后是大数据，而我们的父母，正在逐渐老去。

所以，你需要陪着父母共同成长，你要去把学习的东西告诉父母，和他们共同成长，因为他们曾经就是这么教你的。

曾经有个孩子问我，说父母总是转发一些"吃什么会死，什么肉又出问题了，赶紧买盐存起来"这样的谣言给我。

我说，那你就要告诉他们，什么是谣言。

还有些孩子告诉我，说母亲总是相信莫名其妙的中奖。

我说，那你就要告诉他们，这些都是骗子。

这是我们的责任，因为别忘了，我们在不懂事情的时候，是他们孜孜不倦地教你说话，一次又一次地教你认字，而现在，也应该是你，一点点地把你知道的告诉他们；一次次地重复着你熟悉而他们陌生的知识。

有一次我回到家，看见父亲因为五块钱停车费和别人吵起架，后来他非常生气，把愤怒转移，对我发起了火。

我把这个故事写在了书里，我说：最好的省钱方式是赚钱。你为了五块钱，和别人耽误了半个小时，把心情搞坏了，还转移愤怒把我骂了，这些时间成本、心情成本和5块钱比起来，简直太多，得不偿失啊。

几年后，父亲开着车，跟我聊到了这个，他说，他现在再也不为几块钱跟别人生气了，他说：那天看你的书，我觉得很有道理，所以老爸要更加努力赚钱，少生气，哈哈哈。

他笑得很开心。

我也很幸福。

现在，我时常把我看到的、经历到的一线知识分享给我的父母，他们在电话那头笑嘻嘻地说：儿子长大咯，都学会了这么多老爸老妈不知道的事情。

　　而我清楚地知道，没有他们，怎么会有我的今天呢。

　　这是最好的亲情。

　　你不仅陪他们变老，还陪着他们终身学习。

后　记

谢谢你看完了这本书。

一个来自远方老师的絮叨。

这些年无论是写作还是教学，我一直都在第一线。

每次遇到年轻人说看过我的书时，我都会被深深地感动。

因为文字，我们相识。

谢谢你大学四年里读完了这本辛辣可口的麻辣烫。

如果能让你有一点改变，这也就是本书的价值了。

谢谢你选择了考虫，谢谢你选择了这本书。

我曾经在微博上写过一篇文章:《拔剑千山过，归来仍少年》。

我想，这也是我想给你说的，当你从大学毕业，走入社会后，你要记得那些一无所有的时光,记住那些少年时单纯的眼神，记住那些梦想，记住那些友情和爱情。

这些，比什么都重要。

再次感谢你选择了这本书。

如果可以，把书评发到微博上给我看吧，我的微博是 @ 尚龙老师，公共微信就是：李尚龙。

还是那句话，每一篇我都会看。

愿我们青春无悔。